D1687803

Claudio Massini

Claudio Massini

Mit Beiträgen von | Texts by | Testi di

Klaus Wolbert, Elke Mohr, Maurizio Vanni

Vorwort von | Preface by | Prefazione di

Peter Femfert

DIE GALERIE

Peter Femfert

7 | Vorwort
8 | Preface
9 | Prefazione

Klaus Wolbert

10 | Künstler und Werk
12 | Artist and Artwork
14 | Artista e Opera

Elke Mohr

16 | Schönheit und Wirklichkeit
20 | Beauty and Reality
24 | Bellezza e Realtà

Maurizio Vanni

28 | Mysterien und Lügen
34 | Mysteries and Lies
40 | Misteri e Bugie

Werke | Works | Opere

48 | Werke auf Oberleder | Works on Upper Leather | Opere su cartoni tomaia
102 | Werke auf Leinwand | Works on Canvas | Opere su tela

154 | Lebensgeschichte | Life History | Storia di una Vita
159 | Ausstellungen | Exhibitions | Mostre

Anmerkungen zur Technik Claudio Massinis
Comment on Claudio Massini's technique
Notazione sulla tecnica di Claudio Massini

Seite | Page | Pagina: 15, 19, 22–27,
29–30, 33, 35–36, 39, 41, 43, 45, 103–153:

Alle diese Werke wurden in der folgenden Technik hergestellt: Mineralische, pflanzliche, organische oder chemische Pigmente auf doppelt gezwirnter, mehrfach gekochter und mehrfach gewaschener Leinwand.

All works on canvas are produced in the following technique: Mineral, vegetable, organic or chemical pigments on twice thread, repeatedly boiled and repeatedly washed canvas.

Tutti i dipinti sono realizzati con la seguente tecnica: Pigmenti minerali, vegetali, organici e della chimica su tela a doppio ritorto, plurimo bollito e plurimo lavato.

Seite | Page | Pagina: 10, 12, 14,
16, 18, 20, 48–101:

Bei diesen Werken hat Claudio Massini als Trägermaterial für seine Pigmente Oberleder benutzt.

For these works Claudio Massini used upper leather as carrier material for his pigments.

Per queste opere Claudio Massini ha usato tomaia come base dei pigmenti.

Vorwort

Wer die Arbeiten Claudio Massinis kennt, verbindet den Namen dieses außergewöhnlichen Künstlers sicher mit jener Makro-Welt, die er mit seinen großformatigen, wandfüllenden Arbeiten kreiert.

So habe auch ich Claudio Massini kennengelernt, als seine Werke im Kreise der Preisträger des *Premio Agenore Fabbri* 2003 auf der Mathildenhöhe in Darmstadt zu sehen waren. Die atemberaubende Ästhetik und Materialbeschaffenheit seiner Tafelbilder übten eine unglaubliche Faszination auf mich aus, weshalb wir ihn auch in unserer Ausstellung ›Figurative Kunst aus Italien‹ im Sommer 2005 partizipieren ließen. In seiner Kunst verschmelzen Kunstgeschichte und Alltagswelt, Zauber des Orients und westlicher Kulturen miteinander, wie bei kaum einem zeitgenössischen Maler sonst. Was auf den ersten und oberflächlichen Blick wie edles Kunsthandwerk anmutet, hat allerdings tatsächlich eine deutlich metaphysische Komponente, die die dargestellten Gegenstände über ihre Funktionalität hinausträgt und sie in eine Atmosphäre unvergänglicher Schönheit bettet.

Wir führen mit unserer Ausstellung und dem dazugehörenden Katalog nicht nur in die Makro-Welt, sondern ebenso in den ›micro mondo‹ von Claudio Massini ein und präsentieren neben großformatigen Leinwänden auch ›Miniaturen‹ von ebensolcher Raffinesse und Detailbesessenheit. Diese prächtige Wanderausstellung wird nach ihrem Auftakt in Frankfurt in Modena zu sehen sein und später in Boca Raton, Florida.

Unser herzlichster Dank gilt Claudio Massini, mit dem stets eine sympathische sowie akribisch organisierte Zusammenarbeit möglich ist. Außerdem bedanken wir uns bei Antonio Carbone, dem Präsidenten der *Associazione Metastorica*, die 2005 in Mailand eine permanente Ausstellung für Claudio Massini geschaffen hat.

Peter Femfert

Preface

Those who know Claudio Massini's work connect the name of this exceptional artist with a kind of macro world which he creates with his large format, wall-filling works.

I came to know Claudio Massini when his work was exhibited among the circle of prizewinners of the *Premio Agenore Fabbri* 2003 in Mathildenhöhe in Darmstadt. I became fascinated with the breathtaking aesthetic and material configuration of his panels that led us to include him in our exhibition 'Figurative Art from Italy' in 2005. His work, unlike any other contemporary artist today, melds art history and the everyday, as well as the magic of the oriental and occidental cultures. What looks at first glance to be fine handcraft is in fact clearly something with metaphysical components in which the depicted objects go beyond their functionality, moving it to realm of everlasting beauty.

With our exhibition and catalogue we are not only entering that mentioned macro world but also the 'micro mondo' from Claudio Massini. We present next to the large format canvasses the 'miniatures' as well with their finesse and their obsession for details. This splendid travelling exhibition after its debut in Frankfurt will be shown in Modena and later in Boca Raton, Florida.

I am much obliged to Claudio Massini, with whom a warm and highly-organized cooperation is always possible. In addition we thank Antonio Carbone, the President of the *Associazone Metastorica*, which installed a permanent exhibition for Claudio Massini in Milan in 2005.

Peter Femfert

Prefazione

Chi conosce le opere di Claudio Massini, collega sicuramente il nome di questo straordinario artista al macrocosmo che egli crea con le sue imponenti opere di grandi dimensioni.

Anch'io ho conosciuto Claudio Massini così, quando le sue opere erano esposte alla Mathildenhöhe di Darmstadt, insieme con quelle degli altri vincitori del *Premio Agenore Fabbri* 2003. Un'estetica che toglie il respiro e la consistenza dei materiali delle sue tavole esercitarono su di me un fascino incredibile; motivo per cui lo invitammo a partecipare anche alla nostra mostra ›Arte figurativa italiana‹ nell'estate 2005. Nelle sue opere, la storia dell'arte e la vita di ogni giorno, le culture dell'occidente e dell'oriente si fondono, come in quasi nessun altro artista contemporaneo. Ciò che, ad un primo e superficiale sguardo, può sembrare l'opera di un raffinato artigiano, ha invece proprio una componente spiccatamente metafisica, che trasferisce i soggetti rappresentati al di là della loro dimensione funzionale per adagiarli in un'atmosfera d'intramontabile bellezza.

Con la nostra mostra ed il relativo catalogo, non introduciamo il visitatore solo nel macrocosmo, ma anche nel ›micro mondo‹ di Claudio Massini e presentiamo, accanto alle tele di grandi dimensioni, le ›miniature‹ che sono di altrettanta raffinatezza e maniaca attenzione ai particolari. Questa sfarzosa mostra itinerante, dopo l'inizio a Francoforte, potrà essere vista anche a Modena e successivamente a Boca Raton, Florida.

Il nostro più cordiale ringraziamento va a Claudio Massini, con il quale è possibile sempre una collaborazione improntata alla simpatia e ad un'organizzazione meticolosa. Ringraziamo inoltre Antonio Carbone, il presidente dell'*Associazione Metastorica*, che nel 2005 ha aperto a Milano una mostra permanente di opere di Claudio Massini.

Peter Femfert

Künstler und Werk

Klaus Wolbert

Was bei den großformatigen Tafelbildern von Claudio Massini auf den ersten Blick in höchstem Maße Staunen erregt, das ist die packende Erscheinungsform, die besondere stoffliche Präsenz sowie die handwerklich-artifizielle Präzision der Ausführung seiner Arbeiten. Die unnachahmliche und kaum nachzuvollziehende Exaktheit der Zeichnung und eine leicht plastische, edle Materialbehandlung, die an Lackarbeiten, an Email oder an kostbare Möbeldekore denken läßt, zieht zunächst alle Aufmerksamkeit auf sich. Der 52-jährige, in Neapel geborene Künstler konfrontiert den Betrachter mit einer derart perfekten und virtuos-manierierten Qualität der bildnerischen Machart, daß dies – gerade in einer Zeit, wo die technische Meisterschaft meist keinen Stellenwert im Rahmen des Kunsturteils besitzt – als eine bewußte und konzeptionelle Strategie der materialästhetischen Werkinszenierung zu werten ist. Massini spielt bravourös mit jenem optischen Sensationseffekt, der seit jeher zur Aura großer Kunstwerke gehörte: Er setzt auf Ehrfurcht gegenüber dem außergewöhnlichen technischen Können und auf die Bewunderung der Kunstfertigkeit, die in früheren Zeiten unbedingt für den Kunstanspruch eines Werkes mitverantwortlich war. Vor allem galt das für die Mirabilia in den barocken

Olio inglese
2007, 13 x 17 cm

Arbeitssituation im Atelier
des Künstlers in Treviso, 2005 |
Working detail in the
artist's studio in Treviso, 2005 |
Particolare del lavoro nello studio
dell'artista a Treviso, 2005

Kunst- und Wunderkammern und es ist bestimmt kein Zufall, daß viele der Exotismen in den Bildern von Claudio Massini geradewegs aus den Vitrinen einer solchen Raritätensammlung kommen könnten. Daran erinnert nicht nur das prachtvolle ornamentale Korallenmotiv, das in unterschiedlichen Variationen und bildnerischen Funktionen in vielen Arbeiten von Massini auftaucht, auch seine Materialangaben bewegen sich ganz im Sinne der Wunderkammeresoterik zwischen Alchemie und änigmatischen Formeln. So kommen bei ihm beispielsweise ›Drachenblut‹, ›Blut der Schildlaus‹ und ›Carnauba‹ (Wachs von den Blättern der Carnauba-Palme) neben ›Korallenpulver‹ und ›Keramischen Pigmenten‹ vor, und auch ›Ultraschall‹ scheint – wie auch immer – mit im Spiel zu sein.

Das artistische Moment, die physische Schwierigkeit, diese Bilder zu produzieren, ist zwar in der Wahrnehmung des fertigen Ergebnisses nicht nachvollziehbar, läßt sich aber der Beschreibung des Malvorgangs, wie Massini selbst ihn gibt, entnehmen: Er schwebt an Seilen aufgehängt in der horizontalen Haltung eines fliegenden Engels, wie am Trapez, über der flach unter ihm auf dem Boden liegenden Leinwand, und produziert so von oben in einem mühevollen Prozeß seine großformatigen Kompositionen.

Zu den Befremdlichkeiten dieser Ateliergeheimnisse passen jedoch die exaltierten Motive von Claudio Massini, die auch dann, wenn sie – wie oft – gewohnte, in einer gewissen Monotonie, europäisch möblierte Interieurs zeigen, eine unverkennbar ostasiatische Typik besitzen. Massinis Bilder vertreten eine neue Form der Chinoiserie, wobei vor allem die Ornamentik der zahlreichen Blütenzweige und die bizarren Korallen, als Gitter, Kronen oder Kandelaber, diesen Eindruck hervorrufen.

Artist and Artwork

Klaus Wolbert

That which astounds the most initially when viewing the large-format panels of Claudio Massini is the enthralling manifestation – the exceptional material presence as well as the illusory technical precision – of the work's execution. The inimitable and virtually inexplicable exactness of the draftsmanship and the gossamery plasticity in the sublime handling of the materials that is incipiently reminiscent of lacquerware, enamelware or precious decorative furniture inveigles all attention to itself. The 52-year-old artist, born in Naples, confronts the observer with a pictorial style of such immaculate and virtuoso manneristic quality that it must be valuated as a conscious and conceptual strategy innate to the materially aesthetic presentation of the work – all the more so now in a time in which technical mastery usually possess no significance within the framework of evaluating art. Massini toys brilliantly with those effectors of optical sensation that have from time immemorial been intrinsic to the aura of great works of art: He draws upon the reverence of extraordinary technical proficiency and the veneration of virtuosity that in earlier times were mutual absolutes in the requirements of an artwork. This was above all germane for the *mirabilia* of the Baroque

Tavolino arlecchino
2007, 13 x 17 cm

Raumansicht in der ständigen Ausstellung Claudio Massinis in der Associazione Metastorica, Mailand | View into one room of the permanent exhibition of Claudio Massini at the Associazione Metastorica, Milan | Veduta dell'esposizione permanente di Claudio Massini presso l'Associazione Metastorica, Milano

art and wonder chambers, and it is undeniably no happenstance that many of the exoticisms inhabiting the paintings of Claudio Massini could come directly from the vitrines of some such collection of rarities. The fabulously ornamental coral motifs which are found in the most diverse variations and pictorial roles within the work of Massini are not alone in their evocation of this; the information he proffers regarding the materials utilized resides likewise within the realm of the curiosity cabinet esoterica, somewhere between alchemy and enigmatic formulas. Thus, for example, 'Dragon's Blood', 'Scale Insect Blood' and 'Carnauba' (wax derived from the leaves of the carnauba palm) all appear alongside 'Coral Powder' and 'Ceramic Pigment' – and 'Ultrasonic' comes into play as well.

The artistic moment, the physical difficulty of producing these paintings, is without a doubt imperceptible in the finished product. It can, nonetheless, be inferred from the description of the painting procedure that Massini himself furnishes: Fastened to ropes he hovers horizontally like an airborne angel, like a trapeze artist, above the canvas lying flat on the floor below him and thus, from above, he conducts a laborious process to produce his large-scale compositions.

The idiosyncrasies of the atelier mysteries, however, are consistent with the eccentric motifs of Claudio Massini which, even as they – as is often the case – display familiar, unambiguously monotone furnished European interiors, nonetheless possess an unmistakable East Asian characteristic.

Massini's paintings embody a novel mode of *chinoiserie*, whereby it is first and foremost the ornamentation of the copious flowering branches and bizarre corals – in the form of lattices, crowns or candelabras – that awaken this impression.

Artista e Opera

Klaus Wolbert

Quello che a prima vista suscita il massimo stupore nelle tavole di grande formato di Claudio Massini è il loro avvincente aspetto esteriore, la particolare presenza materica come anche la precisione artificiale-artigianale dell'esecuzione dei suoi lavori. L'inimitabile e quasi non ripercorribile esattezza del disegno ed un trattamento nobile, lievemente a rilievo, del materiale, che fa pensare a lavori in lacca e allo smalto oppure a preziose decorazioni di mobili, in un primo momento calamitano interamente l'attenzione. L'artista napoletano di 52 anni mette a confronto lo spettatore con una qualità talmente perfetta e virtuosisticamente manierata della fattura raffigurativa – e proprio in un'epoca poi nella quale la maestria tecnica non riveste perlopiù alcuna importanza agli effetti di un giudizio artistico –, che ciò va considerato come una consapevole strategia concettuale di messinscena dell'opera sotto il profilo della sua estetica materiale. Massini sa sfruttare magistralmente quell'effetto di sensazionalismo ottico che da sempre ha fatto parte dell'aura delle grandi opere d'arte: punta sul rispetto della straordinaria abilità tecnica e sull'ammirazione del virtuosismo che in altri tempi erano assolutamente imprescindibili quando si trattava della

Decisioni generose
2007, 13 x 17 cm

Piacere a furor di popolo
2006, 50 x 150 cm

pretesa di un'opera di essere arte. Questo valeva soprattutto per i *mirabilia* delle collezioni d'arte e delle wunderkammer barocche, e senz'altro non è un caso che molti degli esotismi nei quadri di Claudio Massini potrebbero provenire direttamente dalle vetrine di una simile raccolta di pezzi curiosi e rari. Lo rammenta non solo lo splendido motivo ornamentale del corallo, che in variazioni e funzioni figurative differenti ricorre in molti lavori di Massini; anche le sue indicazioni sui materiali utilizzati si aggirano nel regno di un esoterismo da *wunderkammer*, tra alchimia e formule enigmatiche. Vi si ritrovano ad esempio il ›sangue di drago‹, il ›sangue di cocciniglia‹ e la ›carnauba‹ (cera delle foglie di palma carnauba) accanto alla ›polvere di corallo‹ ed ai ›pigmenti ceramici‹, e sembra che siano in gioco – in un qualche modo – anche gli ›ultrasuoni‹.

Il momento di abilità artistica, la difficoltà fisica insita nella produzione di questi quadri non è invero ricostruibile nella percezione del risultato finito, ma si può evincere dalla descrizione del procedimento pittorico così come Massini stesso la fornisce: egli si libra appeso a delle corde nella posizione orizzontale di un angelo in volo, come al trapezio, sopra la tela ben distesa sul pavimento sotto di lui, ed in questo modo produce dall'alto con faticosa procedura le sue composizioni di grande formato.

Corrispondono però ai lati sconcertanti di questi segreti d'atelier gli esaltati motivi di Claudio Massini che, anche laddove mostrano – come spesso avviene – degli interni usuali, ammobiliati (e con una certa monotonia) all'europea, possiedono una tipicità inconfondibile da Asia orientale. I quadri di Massini rappresentano una nuova forma di cineseria, e sono soprattutto l'ornamentazione dei numerosi rami fioriti ed i bizzarri coralli, a grata, a corona o a candelabro, a suscitare quest'impressione.

Schönheit und Wirklichkeit

Elke Mohr

Welche Erwartungen kann oder soll man an zeitgenössische Künstler stellen? Sollen sie zeitgemäß sein – eine Beschreibung, eine Interpretation der Welt liefern? Sollen sie Aussagen treffen, Position beziehen zu soziorelevanten oder philosophischen Fragestellungen?

Für Claudio Massini und seine Kunst treffen diese Kategorien scheinbar überhaupt nicht zu. Seine Werke zeugen von Rückzug und von Konzentration auf das Innere, von anderen Welten. Wie bei Oscar Wilde im Vorwort seines Romans *Das Bildnis des Dorian Gray* ist er vielmehr »der Schöpfer schöner Dinge« und damit als zeitgenössischer Künstler radikal wie kaum ein anderer. Nicht nur indem er sich dem Kunstbetrieb in der Abgeschiedenheit seines Dorfes, in dem er lebt und arbeitet, weitgehend entzieht. Nicht nur, indem er der schnellen, flüchtigen Bildproduktion seine kostbaren Preziosen entgegensetzt, die in einem unglaublich langwierigen und aufwendigen Arbeitsprozeß entstehen. Nicht nur, indem die von Kritikern belächelte Kategorie der Schönheit in seinen Bildern bestimmender Inhalt wird.

Auffallend und herausragend werden Claudio Massinis Arbeiten dadurch, besonders aber auch durch seine einzigartige Technik: In fünfzig

Semi di latte
2007, 13 x 17 cm

›Camera delle bramantine‹,
Raumgestaltung in der P.AR.CO. Fondation,
Casier, 2000/2001 |
'Camera delle bramantine',
interior design in the P.AR.CO. Fondation,
Casier, 2000/2001 |
›Camera delle bramantine‹, l'arredo al
P.AR.CO. Fondazione Casier, 2000/2001

und mehr Schichten appliziert er organische und anorganische Pigmente auf die Leinwand und baut damit reliefierte Bilder auf, mattsamtene Oberflächen, präziseste, tief gezogene Linien, lackglänzende Körper. Die technischen Angaben zu seinen Bildern lesen sich wie alchemistische Rezepturen. Wenige Materialien benennt er, es sind das Blut der Koschenille, einer chinesischen Laus, Erden, pulverisierte Korallen und Mineralien, über andere legt er Schweigen. Sein handwerklicher Perfektionismus reicht bis zur Anfertigung der Keilrahmen aus lasiertem, lackierten Hartholz. Die Leinwände werden ›doppelt gekocht und dreifach gewaschen‹, bevor sie als Bildträger dienen. Auch für den unvoreingenommenen Betrachter ist dieser Perfektionismus deutlich erlebbar.

Die Farbigkeit in Massinis Bildern lebt aus ihrer haptischen Materialität und geht weit über eine reine Farbimagination, wie sie der Pinsel erzeugen kann, hinaus. Die einzigartige Tiefenwirkung der Farben liegt sicher in ihrer Schichtung. Die ›Farbpalette‹ Claudio Massinis ist ebenfalls bestimmt vom Material. Raffiniert, elegant wirken die fast monochrom gehaltenen Tafeln, auch in den Kontrasten ist die Farbigkeit eher verhalten chromatisch.

Die Sujets in den Bildern Claudio Massinis – von ›Gemälden‹ eines ›Malers‹ läßt sich eigentlich nicht sprechen – sind immer gegenständlich, doch selbst seine Räume und Plätze sind menschenleer. Insbesondere durch das deutliche Fehlen des Menschen oder durch das Fehlen von menschlicher Interaktion werden die variantenreich wiederkehrenden Gegenstände seiner Bildwelt, immer wieder sind es Häuser, Pagoden, Blütenzweige, Vasen, Amphoren, Möbel, zu weltübergreifenden kulturellen Symbolen.

In einer visuellen Reise verbindet er die südamerikanische Kakaobohne mit venezianischem Glas, französischen Stühlen und chinesischen Kirschblüten zu einer globalen Poesie.

Claudio Massini bezeichnet die Sujets auf seinen Bildern als ›Vorwand‹: »… eine Lilie, ein Kranz von Blumen oder eine Reihe Wolkenkratzer bezeichnen nicht das Dargestellte, sind aber auch nicht nur unbestimmte ideologische Metaphern; es sind ganz einfach achtzig Pigmentschichten zwischen der Idee und der Leinwand, die sie trägt. Nur wenige dieser Schichten sind Geschichte und in der Geschichte der Malerei bekannt; die meisten sind Ausdruck von Autonomie auch bei der Auswahl, von technischer Negation und vernünftig nicht zu begründendem Willen zum Erfolg …« (Philippe Daverio [Hg.]: *Lo scandalo dell pittura*. Casier Treviso 2006, S. 112)

Nicht nur die biographischen Wurzeln – der Künstler ist in Neapel geboren und aufgewachsen – sondern sicher auch die kunsthistorischen lassen sich bis zur pompejianischen Wandmalerei zurückverfolgen. An venezianische Palazzi erinnern Massinis Interieurs, in denen er zartes Mobiliar in einen imaginären Raum stellt, der entweder überhaupt nicht oder wenn, dann nur durch vertäfelte Türen, kannelierte, schlanke Säulen oder durch ein offenes Dachgebälk definiert sein kann.

Am deutlichsten aber trägt die interkulturelle Melange ostasiatische Züge. Das liegt zum einen in der Technik begründet, die eine Anmutung von chinesischer Lackmalerei trägt, zum anderen im Formenrepertoire – Pagoden, chinesische Brunnen und Pendelleuchten, Vasen oder hölzerne Kähne deuten darauf hin – ganz sicher aber auch in den Kompositionsschemata wie die Konzentration auf ein zentrales Bildmotiv, die Behandlung von Raum und Hintergrund und die Perspektive.

Giorno dorato
2007, 13 x 17 cm

Un posto sulla terra,
2004-2005, 193 x 248 cm

Oscar Wilde läßt sich hier noch einmal zitieren: »Jede Kunst ist zugleich Oberfläche und Symbol. Diejenigen, die unter die Oberfläche tauchen, tun es auf eigene Gefahr.« (Oscar Wilde, *Das Bildnis des Dorian Gray*. Ullstein Taschenbuch Ausgabe, Frankfurt 1966, S. 6) Die strahlende und Schönheit des Abbilds ist bei Massini anders aber als im Bildnis des Dorian Gray unvergänglich und aller zeitlichen Dimensionen erhaben.

Mit einer realen Welt haben die Symbole Claudio Massinis aber wie bei Oscar Wilde nichts zu tun. Die Gegenstände sind meist ihrer ursprünglichen Funktion enthoben und schweben in einem undefinierten Raum. Größenverhältnisse werden ebenso außer Acht gelassen. Sowohl in komplexen Raumansichten wie in einfachsten Vasenmotiven erreichen die Kompositionen eine virtuelle, surreale Wirkung. Ihre stofflich-haptische Präsenz gerät damit heftig in Widerstreit zu ihrer Schwerelosigkeit und Metaphysik. In diesem Widerspruch vor allem liegt der Reiz der Werke, und hier wird deutlich, daß der panästhetische Entwurf Claudio Massinis wohl doch Illusion bleibt.

Schönheit und Wirklichkeit

Beauty and Reality

Elke Mohr

What expectations can or should one have of contemporary artists? Should they be appropriately modern? Should they convey a description, an interpretation, of the world? Should they make statements, take positions, on socially relevant or philosophical questions?

In the case of Claudio Massini and his art, these categorizations are apparently irrelevant. His work is a testimonial to withdrawal, to the rumination upon that within, to other worlds. Analogous to Oscar Wilde's statement in the preface of his novel *The Picture of Dorian Gray*, Massini is far more "the creator of beautiful things" and thus, as a contemporary artist, is far more radical than virtually any other. Not only because he has, to a large extent, retreated from the art establishment to live and work in the seclusion of his village. Not only because he subtends quick, adumbrative pictorial production with precious treasures which are created through an unbelievably protracted and complex working process. Not only because beauty, a category sneered at by critics, is the decisive content of his paintings.

This makes Claudio Massini's work noteworthy and extraordinary, as does his uniquely distinctive technique: In tiers of fifty and more he applies organic and inorganic pigments upon the canvas, thus composing embossed

Gold tea
2007, 13 x 17 cm

Das Haus des Künstlers |
The artist's house |
La casa dell'artista

images, velvety matte surfaces, precise and deeply drawn lines, lacquer-like lustrous fields. The technical information in regards to his paintings reads like alchemic formulas. He names few of his materials, but they include the blood of the cochineal (a Chinese louse), earths, pulverized corals and minerals – of the other substances, he is silent. The perfectionism of his craftsmanship extends all the way to the preparation of the stretcher frames made of painted and varnished hardwood. The canvases themselves are 'twice boiled and thrice washed' before they may serve to bear images. This perfectionism is tangibly experienceable for even the impartial observer.

The colors of Massini's painting gains life primarily through their haptic materiality and transcend by far the simple imagination of color as created by the paintbrush. The distinctive plasticity of the colors is doubtlessly due to their stratification; the 'color palette' of Claudio Massini is likewise governed by the materials used. Radiating subtlety and elegance, the panels border on being monochromatic; even the color contrasts are rather restrained chromatic.

The subjects of Claudio Massini's pieces – in essence one cannot speak of 'paintings' of a 'painter' – are unremittingly representational, but the environments and places are uninhabited. Above all else, it is through the visible absence of humans and/or the dearth of human interaction that the miscellanea of recurrent objects of his world of images – time and again: houses, pagodas, branches abloom, vases, amphorae, furniture – eventuate into universal cultural symbols. In a visual voyage he amalgamates the South American cacao bean with Venetian glass, French chairs and Chinese cherry blossoms to engender a global poetry.

Claudio Massini himself denominates the subject of his work as 'pretext': "… the lily, the little wreath of flowers, the landscape-bowl or the skyscraper grate are not merely the represented thing, neither are they metaphors of a vague ideology; they are just eighty layers of pigment set between the idea and the canvas they are supported by. Only a few layers are known by the history of painting; but most of them are an independant self-selective configuration, a refusal of technique and an unreasonable determination to succeed …" (Philippe Daverio [Ed.]: *Lo scandalo della pittura*, Casier Treviso 2006, p. 140.)

Not only the biographical roots of the artist – who was born and raised in Naples – but surely the art historical ones as well can be traced back to the

Il nostro raccolto
2005, 193 x 248 cm

Augurio per il nostro viaggio
2005, 40 x 80 cm

wall paintings of Pompeii. Massini's interiors are reminiscent of Venetian palazzi in which he situates delicate furnishings within an imaginary room that is either utterly indefinable or, when definable, then only through inlay-paneled doors, slim fluted columns and open roof beams.

The most perspicuous lineaments of the intercultural mélange displayed are East Asian. This lies in part on the technique, which yields an impression of Chinese lacquerware, and in part on the repertoire of forms – pagodas, Chinese fountains and suspended lamps, vases or wooden boats – and, most definitely, in the compositional schemata such as the concentration upon a central motif, the treatment of space and background, and the perspective.

Again, a quote of Oscar Wilde is most appropriate here: "All art is at once surface and symbol. Those who go beneath the surface do so at their peril." (Oscar Wilde, *The Picture of Dorian Gray*, Ullstein Paperback Edition, Frankfurt [1966], p. 6.) The radiance and beauteousness of that pictured in the work of Massini is, as opposed to that in the portrait of Dorian Gray, eternally imperishable and transcendent of all temporal dimensions.

However, the symbols of Claudio Massini, like those of Oscar Wilde, have no connection with a material world. The objects are usually ennobled from their principal function and adrift in an indefinite environment. Scale and proportion are likewise disregarded. In both the complex interior scenes as well as in the most unadorned vase motifs, the compositions achieve a virtual, surreal effect. Their materially haptic presence conflicts intensely with their ethereality and metaphysics. It is first and foremost in this very incongruity that the allure of the work lies, and it is here that it becomes evident that the pan-aesthetic delineations of Claudio Massini probably do remain an illusion.

Bellezza e Realtà

Elke Mohr

Cosa ci aspettiamo dagli artisti contemporanei? Devono essere adeguati ai tempi, devono fornirci una descrizione, un'interpretazione del mondo? Devono fare delle dichiarazioni, assumere posizione su tematiche di importanza sociale e filosofica?

A Claudio Massini e alla sua arte non fa riferimento chiaramente nessuna di queste categorie. Le sue opere esprimono un ritorno e una concentrazione all'interiorità, ad altri mondi. Come l'artista nel *Ritratto di Dorian Gray* di Oscar Wilde anche Massini può essere considerato »creatore di cose belle« e forte di questa concezione egli, come pittore contemporaneo, è radicale come pochi. Non solo perché si sottrae in larga misura alle regole del mercato nell'isolamento del paese, dove vive e lavora, non solo perché oppone le sue ›preziosità‹ frutto di uno studio lentissimo e laborioso alle opere artistiche di rapido e volatile processo. Non solo perché la categoria della Bellezza, che i critici tendono a ridicolizzare, si afferma decisa nelle sue opere pregne di contenuto.

Le opere di Claudio Massini saltano agli occhi e si differenziano così vistosamente, anche e soprattutto per l'unicità della tecnica: l'artista applica alla tela più di cinquanta strati di pigmenti organici e inorganici e

Pappa dorata
2004–2005, 40 x 80 cm

La grande minestra
2005, 193 x 248 cm

costruisce così figure in rilievo, superfici lucido-opache, linee estremamente precise e profondamente incise, corpi lucido-laccati. Le note tecniche relative ai suoi quadri possono venir lette come ricette alchimistiche. L'artista rivela solo pochissimi dei materiali usati, come il sangue di cocciniglia, una specie di pidocchio cinese, terre, coralli polverizzati e minerali, sugli altri tace. Il suo perfezionismo tecnico arriva fino alla manifattura completa delle cornici di legno duro. Le tele vengono ›cotte due volte e lavate tre volte‹ prima di venire utilizzate. Anche per l'osservatore meno informato questo raffinato perfezionismo è evidente.

Il cromatismo nelle opere di Claudio Massini vive principalmente di una sua materialità tattile, e va ben oltre l'immaginazione coloristica conferita dal pennello. L'unicità espressiva dei colori deriva senz'altro dalla ›straticità‹ e anche la varietà dei colori deriva dai materiali che li compongono. I quadri pressocchè monocromatici di Claudio Massini sortiscono un effetto di raffinata eleganza e anche nei contrasti la coloritura risulta sempre sobria.

I suoi soggetti, che vanno oltre la definizione di ›dipinti‹ di un ›pittore‹, sono sempre concreti, tuttavia stanze e luoghi sono vuoti. E proprio per l'evidente assenza di figure umane e della loro interazione, sono gli oggetti che si affermano nel suo universo pittorico ripetendosi in ricche variazioni; ecco lì case, pagode, rami in fiore, vasi, anfore, mobili, a diventare simboli culturali di netto e proprio profilo. In un viaggio virtuale l'artista accompagna il chicco di cacao al vetro veneziano, seggiole francesi a fiori di ciliegio cinesi in un'unica poesia globale.

Lo stesso Massini definisce i motivi delle sue opere semplicemente come ›pretesti‹: »… il giglio, la coroncina di fiori, la ciotola-paesaggio o la griglia del grattacielo non sono la cosa rappresentata, ma non sono nemmeno metafore di un indistinto ideologico; sono semplicemente ottanta strati di pigmento posti tra il pensiero e la tela che li sostiene. Solo qualcuno di questi strati è noto alla storia della pittura; la maggior parte di questi è invece configurazione autonoma e auto-selettiva, negazione tecnica e irragionevole volontà di affermazione: … « (Philippe Daverio [Ed.]: *Lo scandalo della pittura*, Casier Treviso 2006, p. 88–89)

Non solo le sue radici geografiche, l'artista è nato e cresciuto a Napoli, ma anche quelle storico-artistiche, si lasciano ricondurre agli affreschi delle pareti pompeiane. Gli interni di Massini ricordano i palazzi veneziani, in cui egli colloca un mobilio lieve, soffuso in stanze immaginarie, che si possono solo definire in base alle porte a cassette, a smilze colonne scannellate, o a alti soffitti a cuspide.

Ma i connotati più evidenti di questo mix-culturale arrivano chiaramente dall'Asia orientale. Si evidenziano da un lato per quel tipo di tecnica che rammenta la grazia della pittura a lacca cinese, dall'altro per la scelta dei motivi: pagode, fontane e lampadari cinesi, vasi o barche cargo. Anche gli schemi compositivi e la centralizzazione di un unico motivo, il modo di definire lo spazio, lo sfondo e la prospettiva, ci riconducono a radici culturali orientali.

Citiamo ancora una volta Oscar Wilde: »Ogni arte è al tempo stesso superficie e simbolo. Coloro che si immergono sotto la superficie, lo fanno a proprio rischio e pericolo.« (Oscar Wilde, *Ritratto di Dorian Gray*, Ullstein, Francoforte 1966, p. 6) La bellezza splendente dell'immagine è però per Massini diversamente da quell'immagine di Dorian Gray imperitura e si eleva al di sopra di ogni dimensione temporale.

I simboli di Claudio Massini non hanno però, come per Oscar Wilde, niente a che vedere con il

Brindisi festoso
2007, 50 x 25 cm

Tra i tavoli della storia
2005–2006, 193 x 248 cm

mondo reale. Gli oggetti sono praticamente depauperati della loro funzione originale e si muovono in uno spazio indefinito. Anche il senso delle proporzioni viene lasciato fuori gioco. Sia nelle visuali di spazio più complesse che nelle più semplici tratteggiature di vasi le sue composizioni raggiungono un effetto virtuale e surreale. La loro presenza materialistico-tattile si pone così in netto antagonismo con la loro incorporeità metafisica. In questo contrasto sta tutto il fascino delle sue opere, e qui appare finalmente con chiarezza che il progetto pan-estetico di Claudio Massini alla fine rimane illusione.

Mysterien und Lügen

Maurizio Vanni

Nietzsche, das vertikale Gleichgewicht und die Kunst der Illusion

Das ästhetische Ereignis befindet sich in einer Dimension, in der es uns möglich ist, die Wahrheit als angemessenen Ausdruck einer interpretatorischen Struktur zu untersuchen. Jedes Ding hat seine eigene Wahrheit, da ästhetische Darstellungen, in etwa so wie die Beweggründe, die einen Menschen zu einer bestimmten Tat bewegen, notwendigerweise komplex sind.

Nicht einmal die wissenschaftliche Forschung kann als absolute Wahrheit betrachtet werden: Nach Nietzsche entspricht sie in der Tat nicht dem objektiven, auf eigene ungefähre Wahrheiten gestützten Bericht, sondern ist eine Disziplin, die die eigenen Grenzen als Erfolge wiedergibt, indem sie Schwachstellen in Gewißheiten verwandelt.

Angesichts der Werke von Claudio Massini sind wir sogleich versucht, vertrauenerweckende Anhaltspunkte zur täglichen Welt zu finden, eines seiner Gefäße oder eines seiner Boote in jene Dimension zu übertragen, die wir für gewöhnlich als Realität bezeichnen, um, wenn auch provisorisch und oberflächlich, unsere Reise zu den Gefilden seiner Kunst zu beginnen. Auch dort, wo offenkundige Widersprüche mit dem Wahren bestehen – wie im Fall einer Serie von derart übereinandergestellten Stühlen, daß nicht für alle ein natürlicher Halt da ist, oder wie in der Anordnung einiger Gefäße, die der Schwerkraft mit Erfolg trotzen –, fährt das Auge des Betrachters fort, die Möglichkeit abzuleugnen, daß das, was sich vor ihm befindet, eventuell kein Boot sein könnte, sondern ein Raum eines Hausbootes. Oder ein leeres Glas.

Bei einem Mythomanen ist die Lüge eine subjektive Wahrheit; obwohl er systematisch lügt, glaubt der Patient, seine Geschichten tatsächlich zu erleben, und verteidigt sie standhaft. Ist der Trick einmal entdeckt und der Lügner bloßgestellt, werden alle seine Wahrheiten als Lügen gelten. Beide, Wahrheit und Lüge, sind eine Frage der Interpretation und teilen sich daher dieselbe Existenz; tatsächlich beginnt in einigen Fällen die eine da, wo die andere aufhört. In anderen Fällen stimmen sie derart überein, daß man sie nicht unterscheiden kann.

Massini stellt sich nicht die Aufgabe, etwas zu schaffen, das mehr oder weniger der realen Gegebenheit ähneln mag, er plant eine Komposition nicht, um eine partielle Vision der konkreten Tatsache anzubieten oder um

Barcellonese
2005, 193 x 248 cm

diese total zu verneinen. Der Künstler arbeitet im Bewußtsein, daß die einzig mögliche Wahrheit an eine bewußte Sinnestäuschung gebunden ist, bei der sich die Kunst der Illusion in ihrer Verfolgung des Unbekannten in den Dienst des Lebens stellt: »Die Realität ist immer ambivalent: Sie erscheint uns eine Äußere, doch können wir sie zur gleichen Zeit auch als Innere sehen.«

Daraus entspringen wiederkehrende Motive, die den Betrachter in eine andere Dimension versetzen, in eine phantastische Welt, die, obgleich nicht vollständig von der Realität losgelöst, eigene Regeln und Grenzen besitzt. Visionen verdichten sich allmählich, materialisieren sich vor unseren Augen mit der rhythmischen Langsamkeit von Initiationsriten. Die Boote setzt der Künstler nie dort ein, wo wir sie zu sehen erwarten, sie durchziehen keine großen Wasserspiegel; und doch sind wir über den Kontext nicht verwundert, sind wir von der Tatsache nicht überrascht, daß Menschen grundsätzlich fehlen, die Ruder leise schwenken und das Boot dabei in neue und unbekannte Gewässer leiten: »Der Blick der Gegenwart kann nicht anders, als alle Dinge und Gefühle der Welt in einem einzigen Spinngewebe einzuhüllen: Vögel, die fliegen, Jugendliche, die sich küssen, Kinder, die laufen,

Augen, so riesig wie Leuchter, taubenetzte Lilien; und doch kann ein umfassender Blick nicht bei dieser oberflächlichen Schale halt machen (…)«.

In *Die Geburt der Tragödie* versteht Nietzsche die Wahrheit als pure Illusion und gelangt bei ihrer Erforschung zu einer Definition von Kunst als einem Mittel, das uns davor schützt, an der Wahrheit zugrunde zu gehen. Daraus können wir ableiten, daß im Werden eine Erkenntnis an sich nicht möglich ist und nur erreichbar wird, wenn sie als eine Art Irrtum über sich selbst verstanden wird. Wenn Massini seine Kompositionen im labilen vertikalen Gleichgewicht anlegt, stellt er sich nicht die Frage, ob diese auch tatsächlich in der Natur zu verwirklichen sind. Die Wahrheit entzieht sich uns oft, auch wenn wir glauben, sie mit den Augen zu kontrollieren: Manchmal müssen wir, um das Wesen der Wahrheit zu erkennen, den extremen Schritt gehen, die partielle Offensichtlichkeit des Gesehenen zu negieren und in eine Realität Vertrauen zu haben, die nur durch die Illusion erreichbar ist.

Der außerordentliche Vorteil der Kunst Massinis gegenüber der Philosophie besteht darin, daß sie eine einzige begrenzte Situation derart erforscht, daß jede Projektion vom Einzelnen auf das Allgemeine, jede Ausdehnung auf Anhaltspunkte aus der realen Welt wie eine Bereicherung, ein Geschenk oder eine rettende Wohltat wahrgenommen wird: Dies geschieht durch seine orientalisch anmutenden Boote, seine Gefäße, die immerwährend auf der Suche sind nach einem unwahrscheinlichen Halt, seine aus dem Kontext herausgenommenen Stühle, seine Ampullen, die an wertvolle byzantinische Dekorationen erinnern und seine vergoldeten Käfige – die sich je nach Zustand der Dinge aus wattierten Gefängnissen in raffinierte Laternen verwandeln. Seine Kompositionen streifen die Dimension der Realität durch ein transparentes Medium aus einem völlig neuen Blickwinkel und verdichten sich nach exakten Harmonien, die aus der Übereinstimmung zwischen den abgebildeten Elementen und der perspektivischen Notwendigkeit der Vision hervorgehen.

Da das unmittelbare Anschauungsobjekt der figurativen Kunst das Abbild der Oberfläche ist, muß die Analyse der Arbeiten von Massini der Distanz Rechnung tragen, die zwischen dem besteht, was man sieht, und dem, was man zu sehen glaubt, und dabei der individuellen Subjektivität einen großen Bewegungsspielraum lassen. Praktisch kann der Betrachter nur durch den Einsatz einer interaktiven Phantasie jene Einheit der individuellen Seele erfassen, die die methodische Voraussetzung für das Verständnis aller Gesetze des Universums bildet. Was jede Form und jeden Gegenstand Massinis von den analogen Elementen unterscheidet, die sich in der Natur befinden, ist ihr Charakter der Ganzheit, der unabhängigen Einheit, die lediglich vom eigenen Wesen bestimmt wird. Während das Phänomen der Natur aus einer einfachen Wechselbeziehung zwischen Energie und Materie besteht, drückt das vom neapolitanischen Maler geschaffene Objekt die Vollständigkeit an sich aus, die für ihre Existenz keinerlei Beziehung zum Äußeren bedarf, aber jeden Handlungsfaden zu ihrem eigenen Zentrum zurückführt. Das Einfügen einiger Werke in das

Innere einer gläsernen, völlig luftleeren Struktur verleiht ihnen ewiges Leben. Diese Kompositionen schweben in einem metahistorischen Zustand, der sich, ohne das Erbe der Vergangenheit zu vergessen, entschieden zu jener nahen Zukunft hin projiziert, die so sehr der ewigen unwandelbaren Werte und Versicherungen bedarf.

Schopenhauer, Bulgakow, Joyce und das alchemistische Genie

Es ist nicht richtig, die Welt der Kunst für absurd und imaginär zu halten, nur weil sie nicht mit der uns gewöhnlich erscheinenden Realität übereinstimmt. Zugleich ist es falsch, eine Komposition als realistisch zu bezeichnen, die Gegenstände darstellt, die auf die Dimension des Existenten zurückzuführen sind. Ist die Materialität als Prozeß einmal erkannt, können wir sie nicht mehr als Maßeinheit einer kreativen Tätigkeit annehmen, sondern es wird nötig sein, sich in die Realität des Künstlers hineinzuversetzen und unsere universale und existentielle Kenntnis auf die Ebene des Malers oder Bildhauers anzuheben: Nur dann werden wir in der Lage sein, jene Erkundungsreise zu unternehmen, die uns in eine neue, einzigartige und unvorhersehbare Welt einführen wird.

Für Claudio Massini ist die Kunst ein Medium der Wahrnehmung, der Erkenntnis und des Ausdrucks: kein unterschwelliges, mit einem plötzlichen inneren Impuls verbundenes Bedürfnis und auch keine Tätigkeit, die aus einem begrifflichen Ausdrucksdrang hervorgeht, sondern eine einfache Unnachgiebigkeit bei der Forschung nach dem Unbekannten im Einklang mit dem Bewußtsein um die Vorläufigkeit der Formen und um deren vergängliche Erscheinung gleich einer Wolke in fortwährender Metamorphose. So ist die große Genauigkeit seiner Arbeit zu erklären, die technische Annäherung nach Art einer Renaissancewerkstatt, die es ihm ermöglicht, edle Werke zu schaffen, die noch an eine betonte Handfertigkeit gebunden und in der Lage sind, seine Wahrheit zu fixieren. Auf der Suche nach dem Absoluten hat Massini das Relative umschrieben, hat die Möglichkeit verschiedener Beobachtungspunkte mit der Distanz eines kühlen und losgelösten Blicks aufgezeigt. Im Grunde würde es reichen, die Sichtweise auf die Dinge zu ändern, um andere, alternative Welten zu entdecken.

Nach Schopenhauer ist die Welt reine Vorstellung des Geistes, und das Denken könnte dem Träumen entsprechen. Nur durch die Kunst kann sich das Individuum von seinem inneren Unbehagen befreien – sehr häufig sind diese Probleme eher das Los der Betrachter als das der Künstler selbst – sublimiert durch die Kontemplation eines besonderen Werkes. In der Kunst wird der Mensch reines Subjekt der Erkenntnis.

Die Arbeiten von Massini zeigen uns, daß Leben und Illusion Seiten jenes Buches werden können, in dem das in Erscheinung getretene Dasein einem anhaltenden Traum entsprechen könnte. Die Beziehung zwischen den verschiedenen Gegenständen im selben architektonischen Raum und zwischen den Objekten und dem Hintergrund hängt nicht mehr von der Wahrnehmung der objektiven Realität ab, sondern vom imaginären Raum, in dem der Künstler seine eigene Wahrnehmung ausdrückt. Ein durchsichtiges Tuch legt sich zwischen den Künstler und die Erscheinungen der Welt, aber derselbe Schleier wird zerrissen, wenn der Künstler Bewußtsein darüber erlangt, daß die Sache an sich in ihrer Dimension nicht zu verwirklichen ist. Nur die vergängliche Erfahrung eines Einblicks in eine andere Dimension könnte den kreativen Elan hervorrufen, der die Distanz zwischen Sichtbarem und Vision überbrückt. Das Sichtbare wird allein durch den Blick eines jeden Betrachters zum Leben erweckt.

    Die Kunst ist Werk des Genies, denn nur das Genie kann Schöpfer und Erneuerer sein. Nach Schopenhauer hat das Genie die Fähigkeit, sich auf eine Erkenntnisebene zu erheben, die losgelöst ist vom deterministischen Prinzip von Ursache und Wirkung. Wenn der begabte Mensch schneller und tadelloser denkt als andere, sieht das Genie mittels Intuition weiter, nimmt das Unbekannte wahr und ahnt das Jenseits. Die Intuition entfaltet

Senza titolo a sei piani
2003–2004, 193 x 248 cm

und offenbart uns das wahre Wesen der Dinge: Sie vervollständigt, ordnet und reproduziert die Steinchen des Lebensmosaiks.

Unverzichtbares Instrument im Werk Claudio Massinis ist eine luzide Phantasie: Mit ihrer Hilfe kann er vom kreativen Wasser des unvorhersehbaren Brunnens der Intuition schöpfen. Durch die Erfindungsgabe ruft er den Geist der großen Künstler der Vergangenheit an, der Wahrheiten zu lüften vermag, die die nackte Realität der Dinge nur teilweise preisgibt. Von Taddeo Gaddi und Wiligelmus von Modena, aber auch von Piero della Francesca, Tizian und Antonello da Messina empfängt Massini das Schwert, um den Schleier der Maya zu durchtrennen, der alle Dinge dieser Welt verhüllt, und die Medizin, die jene Blindheit heilen kann, die fast immer daran hindert, jenseits der Oberflächengegebenheit der Dinge zu schauen. Massini kann als Genie betrachtet werden, wenn seine wahrhafte Berufung als Künstler ihn dazu führt, allen Konventionen der Kunst untreu zu sein, und ihn drängt, das Mysterium des Daseins zu erforschen. Der Gedanke der Reinheit des Geistes und der Übereinstimmung mit den eigenen Prinzipien hat die Abfassung des Werks *Blutrote Insel* von Bulgakow geleitet: Ein Theaterstück als Polemik gegen jene verfaßt, die aus utilitaristischen Motivationen unwürdige Werke schrieben und diese mit Hilfe einer pseudorevolutionären Terminologie als sozialistische Werke ausgaben. In seinem künstlerischen Schaffen hat Massini die den verschiedenen historischen Momenten geistesverwandten Kodizes der Massenkommunikation immer gemieden und ist, obwohl er den Mut hat, sich selbst zu widersprechen, durch sein unbestechliches Auge immer einer metahistorischen Vision der Kunst treu geblieben.

Das Auge von Massini wird immer von einer bis an die Grenze der Virtuosität sensiblen und erfahrenen Hand unterstützt. An genau dieser Schwelle aktivieren Erfahrung und Geschmack ihre übereinstimmende Kontrolle, die jede Form, jeden Hintergrund und jede Komposition durch den erneuernden Filter der Entdeckung, der Überraschung, der Erfindung einer kontinuierlichen und konstanten Arbeit zwingen. Deshalb kann der Künstler immer wieder das gleiche Motiv, die gleiche Komposition und die gleiche Struktur darstellen, ohne daß das ikonographische Resultat an Authentizität einbüßen würde, ohne daß sich Ähnlichkeit mit Imitation, Replik mit Wiederholung, Studium und Vertiefung mit Kopie verwischen würden.

Claudio Massini könnte mit Stephen Dedalus aus Joyces *Ulysses* verglichen werden: ein Idealist auf der Suche nach spirituellen Werten, der sich der Alltäglichkeit und den Konventionen des Daseins in dem Versuch widersetzt, eine eigene intellektuelle Folgerichtigkeit zu finden, ohne den Respekt vor der Tradition zu verlieren. Das Werk von Massini ist auf die Kenntnis der Kunst und des wahren Lebens gestützt, welches er versteht und bedingungslos liebt. Epische und universale Arbeiten, Werke außerhalb jeglichen geografischen und raumzeitlichen Gefüges: Seine natürliche Aufmerksamkeit für das Detail erlaubt es ihm, das zu fokussieren, was normalen Menschen – gewöhnlichen und oberflächlichen – prinzipiell entgeht. Magien eines klaren, bewußten Alchemisten und Schamanen unserer Zeit.

Mysteries and Lies

Maurizio Vanni

Nietzsche, vertical symmetries and the art of illusion

The aesthetic event is the dimension where truth can be examined as the necessary expression of an interpretative structure. Just like the complexity of motivations that move someone to act in a certain way, aesthetic representation is inescapably complex and results in a condition where each image or object has its own truth.

Not even scientific research can be considered absolute truth: according to Nietzsche, this is not an objective report based on its own approximate truths, but rather a discipline that reproduces its own limitations under the guise of successes, transforming its weak points into certainties.

With Claudio Massini's works, we are immediately tempted to search for comforting references to our daily world; to project one of his receptacles or boats into that dimension we usually define as reality; the onset – as temporary and superficial as it may be – of our voyage towards the heights of his work. As in the case of chairs so superimposed on one another that there is no natural support for them all, or, the placement of receptacles that challenge – and at times overcome – the forces of gravity, even when confronted by these obvious incongruities with reality, the eye of the observer continues to deny the possibility that what is before him might not be a boat, but a room in a floating house. Or an empty glass.

For a mythomaniac, the lie corresponds to subjective reality. And despite being a methodical liar, the patient believes he is living what he says, and staunchly defends his own narrations. Once the deceit is uncovered and the liar unmasked, all his truths are regarded as lies. Both truth and falsehood are questions of interpretation, and this is why they share the same existence. One often begins where the other leaves off. At other times, they coincide so perfectly they are indistinguishable.

Massini does not broach the problem of making something that resembles a real thing; he does not plan a composition in order to give a partial vision of something concrete or to deny it entirely. The artist works knowing that the only possible truth is in the conscious deception of the senses, where in following the unknown, the art of illusion serves life: "Reality is always ambivalent: it appears external while at the same time we can see it internally".

Reoccurring motifs propel the viewer into another dimension, into a fantastic world, which, even though not totally removed from reality, has it

Folla folle
2004, 193 x 248 cm

own rules and boundaries. Visions that gradually take form, materializing in front of us with the metered adagio of initiatory rites. Massini's boats never appear where we expect to find them; they do not plough through vast expanses of water. But still, we are not astonished by their context, we are not surprised by the fact that they are always unmanned; and the oars, when present, slowly sway as they orient the boat towards new and unknown lands. "A view onto the present cannot help but wrap all the things and the sentiments of the world into a single spider's web: birds flying, young people kissing, children running, eyes as big as lanterns, lilies drenched in dew; and yet, a universal view cannot stop at this superficial crust (…)".

In *The Birth of Tragedy*, Nietzsche delves into the sense of truth as pure illusion, and defines art as the means to avoid dying from truth. From this we can deduce that knowledge is impossible in its becoming and can be attained only if thought of as some sort of error of itself. When Massini presents us with his improbable vertical symmetries, he does not ask if they could truly exist in nature. Truth is often elusive even when we think we monitor it under watchful eyes: at times in order to discover the essence of truth we must make the extreme gesture of denying the partial evidence of what we see and have faith in a reality that can be achieved only through illusion.

The extraordinary advantage Massini's art has over philosophy is that, with his orientalized boats, his receptacles in constant search of improbable stability, his decontextualized chairs, his Byzantine-like phials richly decorated, and his golden cages – which, depending on the state of things transmute from padded prisons to refined lamps – he investigates a single, circumscribed situation in such a way that each projection from the detail to the general, every extension of reference to the real world is perceived as an embellishment, a gift or a saving grace. Within a translucent medium and a totally new angle of reflection, Massini's compositions enshroud the dimensions of reality taking on density by means of exact harmonies, surging forth from the consonance between the elements depicted and the perspective necessity of vision.

The object immediately observed in figurative art corresponds to a surface image, thus, an analysis of Massini's works must take into account the distance between what we see and what we believe to see, giving a wide

Riparo
2005, 193 x 248 cm

36 *Maurizio Vanni*

range of movement to individual subjectivity. Simply by using interactive fantasy, the viewer grasps the unity of the individual soul that constitutes the underlying methodology for understanding all the laws of the universe. Every one of Massini's forms and objects is distinguished from the analogous elements in nature by virtue of its totality, self-sustaining unity determined solely by its own existence. The phenomenon of nature relies on a simple interdependence of energy and matter. The object created by Massini expresses its own totality, which in order to exist, has no need for any external relationship; it intertwines every thread of its weave to its own central point. By placing some of his works within a vacuum-sealed glass structure, Massini not only guarantees their eternal life but he presents a composition that is suspended in that meta-historical condition, which, while not forgetting the heritage of the past, is a manifest projection into the near future, so in need of eternal values, never changing and with certainties.

Schopenhauer, Bulgakov, Joyce and the alchemist genius

Just because the art world does not represent reality as it usually appears, it should not be thought of as absurd and imaginary; just as it is wrong to define a composition as being realistic when it depicts objects pertaining to the dimensions of what exists. Once materiality is recognized as process, we can no longer use it as a unit of measurement for creative work. We must rise to the artist's reality, elevate our universal and existential cognition to that of the painter or sculptor: only then will we be able to embark on that voyage towards knowledge, leading us into a new world, unique and unpredictable.

For Claudio Massini, art is a means of perceiving, knowing and expressing himself: it is not a subliminal need tied to a sudden inner impulse, nor is it work brought about by a conceptual expressive urgency. It is a simple intransigence in the search for the unknown, in tune with the awareness of the transitory nature of forms and their fleeting substance, just like a cloud in perpetual metamorphosis. This explains the meticulousness of his work, his technical approach typical of a Renaissance workshop that allows him to produce rich works still bound to a conspicuous manual ability capable of congealing his truth. By searching for the absolute, Massini has circumscribed the relative; he has focussed the eventuality of different observation points from the distance of a cold, detached gaze. It only requires a change in viewpoint to discover other and alternative worlds.

According to Schopenhauer, the world is pure representation of the mind, and thinking is tantamount to dreaming. Only through art can the individual free himself from his own inner tribulations – very often problems are the appanage of the viewers more than the artists themselves – sublimated by the contemplation of a given work of art. With art, man becomes the pure subject of knowledge.

Massini's works show us that life and illusion can become pages in that book where manifest existence could correspond to an extended dream. The relationship between different subjects in the same architectural space, and between objects and the background no longer depends on the perception of objective reality, but on the imaginary space in which the artist expresses his own perception. A transparent curtain is placed between the artist and the phenomenological world. But that same veil is rent apart when the artist becomes aware that the thing itself cannot be realized in his dimension. Only the fleeting experience of a visual image in a different dimension could produce the creative impulse breaching the gap between the visible and the vision. Solely through the gaze of each viewer does the visible take on life.

Art is the work of the genius because only the genius can be creator and innovator. According to Schopenhauer, the genius has the capacity to go beyond the free knowledge of the deterministic principle of cause and effect. If the man with talent is mentally quicker and more on the mark than others, with intuition, the genius sees even farther, he perceives the unknown and glimpses what is beyond. Intuition opens us up and shows us the true and real essence of things: it completes, it orders and it reproduces the tiles in the mosaic of life.

Lucid fantasy is indispensable to Claudio Massini's work: it allows him to draw the creative waters from the unpredictable well of intuition. He uses his inventive powers to invoke the spirit of the great artists of the past who reveal the truths that the naked reality of things only partially shows. From Taddeo Gaddi and Wiligelmo, from Piero della Francesca, Titian and Antonello da Messina, Massini receives the sword to pierce the veil of Maya that shrouds everything in the world, the medicine to cure the blindness that almost always prevents seeing beyond the superficial fact of things. Massini can be considered a genius when his true artistic being leads him to be unfaithful to all the conventions art imposes, impelling it to probe into the mystery of existence. With its own principles, this same purity of spirit and coherency is a concept characterized in Bulgakov's play *The Crimson Island*: a sort of theatrical machine, polemically directed towards those writers, who for utilitarianistic motives wrote base works, and with their pseudo-revolutionary terminology made them seem like socialist works. Massini has always avoided using the codes of mass communication in his art, a type of communication that appeals to many historical moments. And even though, through uncontaminated sight, he has the courage of self-contradiction, he has always remained tied to a meta-historical vision of art.

Massini's eye is always guided by an expert and sensitive hand bordering on virtuosity. It is through this threshold that experience and taste converge to force each form, each background and each composition to pass through the regenerating filter of discovery, of surprise, of invention in a continuing and constant work. This is why the artist can depict the same subject again and again, the same composition and the same structure; and the icono-

Viaggio verso il Parnaso
2005, 193 x 248 cm

graphic outcome does not lose its authenticity, does not confuse resemblance with imitation, replica with repetition, the study and development with the copy. Claudio Massini can be viewed in much the same way as Stephen Dedalus in Joyce's *Ulysses*: an idealist in search of spiritual values who rebels against everyday life and the conventions of existence in the attempt to find his own intellectual coherence within the bounds of tradition. Massini's work is based on the knowledge of art and of true life, the one he unconditionally understands and loves. Epic and universal works, outside any geographical and time-space reference: his natural attention to detail allows him to focus on what consistently almost always escapes normal people – those who are ordinary and superficial. It is the magic of a lucid, enlightened alchemist-shaman of our times.

Misteri e Bugie

Maurizio Vanni

Nietzsche, gli equilibri verticali e l'arte dell'illusione

L'evento estetico si trova nella dimensione in cui ci è possibile esaminare la verità come l'adeguata espressione di una struttura interpretativa. Ogni cosa ha la propria verità dato che le rappresentazioni estetiche, un po' come le motivazioni che spingono una persona a fare un qualcosa, sono necessariamente complesse.

Neanche la ricerca scientifica può essere considerata una verità assoluta: secondo Nietzsche, infatti, essa non corrisponde al resoconto oggettivo basato sulle proprie verità approssimate, bensì è una disciplina che riproduce i propri limiti sottoforma di successi, trasformando i punti deboli in certezze.

Di fronte alle opere di Claudio Massini siamo tentati immediatamente di cercare riferimenti confortanti del mondo quotidiano, di proiettare un suo contenitore o una sua barca in quella dimensione che solitamente definiamo realtà per iniziare, seppur in modo provvisorio e superficiale, il nostro viaggio verso le pendici del suo lavoro. Anche laddove ci sono palesi incongruenze con il vero – come nel caso di una serie di sedute sovrapposte a tal punto da non avere un naturale appoggio per tutte, o come nel posizionamento di alcuni contenitori che sfidano, vincendo, la forza di gravità – l'occhio del fruitore continua a negare la possibilità che ciò che si trova di fronte potrebbe non essere una barca, ma un vano di una casa galleggiante. O un bicchiere vuoto.

In un mitomane, la menzogna corrisponde a una verità soggettiva; infatti, pur mentendo con sistematicità, il paziente crede di vivere ciò che dice difendendo con fermezza i propri racconti. Una volta scoperto il trucco, e smascherato il mentitore, tutte le sue verità verranno considerate bugie. Verità e menzogna sono entrambe una questione di interpretazione, per questo condividono la stessa esistenza; infatti in certi casi una inizia dove finisce l'altra. Altre volte coincidono talmente da non poterle riconoscere.

Massini non si pone il problema di fare un qualcosa che possa più o meno assomigliare al dato reale, non pianifica una composizione per offrire una visione parziale del dato concreto o per negarlo completamente. L'artista lavora nella consapevolezza che l'unica verità possibile è legata al cosciente inganno dei sensi, dove l'arte dell'illusione, nel suo seguire l'ignoto, si pone al servizio della vita: »La realtà è sempre ambivalente: ci appare esterna così come, allo stesso tempo, la possiamo vedere interna«.

Cargo con nasse
2005, 193 x 248 cm

Ne scaturiscono motivi ricorrenti che proiettano il fruitore in una dimensione altra, in un mondo fantastico che, pur non essendo totalmente staccato dalla realtà, ha proprie regole e propri confini. Visioni che prendono consistenza a poco a poco, che si materializzano di fronte a noi con la ritmata lentezza dei riti iniziatici. Le sue imbarcazioni non sono mai inserite dove ci aspetteremmo di vederle, non solcano grandi specchi d'acqua; eppure non siamo meravigliati dal contesto, non siamo sorpresi dal fatto che manca sistematicamente la presenza dell'uomo e che i remi, laddove è prevista la loro presenza, ondeggiano lentamente orientando l'imbarcazione verso nuovi e ignoti territori: »Lo sguardo del presente non può che avvolgere tutte le cose e i sentimenti del mondo in un'unica ragnatela: uccelli che volano, ragazzini che si baciano, bambini che corrono, occhi enormi come lampadari, gigli inzuppati di rugiada; eppure uno sguardo universale non può fermarsi a questa crosta superficiale (…)«.

Nella *Nascita della tragedia*, Nietzsche indaga la verità intesa come pura illusione arrivando a definire l'arte come il mezzo che ci permette di non morire di verità. Da ciò possiamo dedurre che la conoscenza di per sé è impossibile nel divenire ed è realizzabile solo se intesa come una sorta di errore su se stessa. Quando Massini ci propone le sue strutture dagli improbabili equilibri verticali, non si pone la questione se ciò potrebbe essere realmente realizzato in natura. La verità spesso ci sfugge anche quando crediamo di controllarla con la vista: certe volte per scoprire l'essenza della verità dobbiamo compiere il gesto estremo di negare l'evidenza parziale di ciò che vediamo e di avere fede in una realtà raggiungibile solamente tramite l'illusione.

Lo straordinario vantaggio dell'arte di Massini nei confronti della filosofia sta nel fatto che, attraverso le sue imbarcazioni dal sapore orientale, i suoi recipienti perennemente alla ricerca di stabilità inverosimili, le sue sedute decontestualizzate, le sue ampolle che rimandano a preziose decorazioni dal sapore bizantino e le sue gabbie dorate – che, a seconda dello stato di cose, si trasformano da prigioni ovattate a raffinati lucernai –, indaga un'unica situazione circoscritta in modo tale che ogni proiezione dal particolare al generale, ogni estensione a riferimenti del mondo reale venga percepita come un arricchimento, un dono o un beneficio salvifico. Le sue composizioni lambiscono la dimensione della realtà attraverso un mezzo translucido dall'angolo di rifrazione del tutto nuovo e prendono consistenza secondo precise armonie, scaturite dalla corrispondenza tra gli elementi raffigurati e la necessità prospettica della visione.

Poiché l'oggetto di osservazione immediato dell'arte figurativa corrisponde all'immagine di superficie, l'analisi dei lavori di Massini deve tenere conto della distanza che intercorre tra ciò che si vede e ciò che si crede di vedere, offrendo alla soggettività individuale un grande spazio di movimento. In pratica solamente con l'utilizzo di una fantasia interattiva, il fruitore può cogliere quell'unità dell'anima individuale che costituisce il presupposto metodico per la comprensione di tutte le leggi dell'universo. Ciò che distingue ogni forma e ogni oggetto di Massini dagli analoghi elementi che si trovano in natura è il suo carattere di totalità, di unità autosufficiente determinata unicamente dalla propria essenza. Mentre il dato fenomenico della natura è costituito da una semplice interdipendenza tra energia e materia, l'oggetto realizzato dall'artista napoletano esprime una totalità di per sé che non ha bisogno, per esistere, di alcun rapporto con l'esterno, ma riconduce ogni filo della sua trama al proprio punto centrale. Anche l'inserimento di alcuni lavori all'interno di una struttura vitrea completamente sottovuoto, oltre a garantire la loro vita eterna, propone una composizione che galleggia in quella condizione meta-storica che, pur non dimenticando le eredità del passato, si proietta decisa verso quel futuro prossimo che ha tanto bisogno di valori eterni, immutabili e di rassicurazioni.

Schopenhauer, Bulgakov, Joyce e il genio alchimista

Non è corretto ritenere assurdo e immaginario il mondo dell'arte solamente perché esso non concorda con la realtà come comunemente appare. Al tempo stesso è sbagliato definire realistica una composizione che propone oggetti riconducibili alla dimensione dell'esistente. Una volta riconosciuta la materialità come processo, non possiamo più assumerla come unità di misura di un lavoro creativo, ma occorrerà alzarsi fino alla realtà dell'artista, elevare la nostra cognizione universale ed esistenziale a quella del pittore o dello scultore: solo allora saremo in grado di iniziare quel viaggio di conoscenza che ci introdurrà in un mondo nuovo, unico e imprevedibile.

Per Claudio Massini l'arte è un mezzo per percepire, conoscere ed esprimersi: non un'esigenza subliminale collegata a un improvviso impulso interiore e neanche un lavoro scaturito da un'urgenza espressiva concettuale, bensì una semplice intransigenza nella ricerca dell'ignoto in sintonia con la consapevolezza della transitorietà delle forme e del loro apparire effimero alla stregua di una nuvola in perpetua metamorfosi. Ecco spiegata la meticolosità del suo lavoro, l'approccio tecnico da bottega rinascimentale che gli consente di produrre opere preziose collegate ancora a una manualità ostentata in grado di fissare la sua verità. Cercando l'assoluto, Massini ha circoscritto il relativo, ha messo a fuoco l'eventualità di diversi punti di osservazione dalla distanza di uno sguardo freddo e distaccato. In fondo basterebbe cambiare l'ottica alle cose per scoprire mondi altri e alternativi.

Secondo Schopenhauer il mondo è una pura rappresentazione della mente e il pensare potrebbe equivalere al sognare. Solo per mezzo dell'arte l'individuo si può liberare dai propri disagi interiori – molto spesso i problemi sono appannaggio dei fruitori più che degli stessi artisti – sublimati dalla contemplazione di un'opera particolare. Nell'arte l'uomo diventa puro soggetto di conoscenza.

Architettura fatale
2006, 193 x 248 cm

Le opere di Massini ci mostrano che vita e illusione possono diventare pagine di quel libro dove l'esistenza manifestata potrebbe corrispondere a un sogno prolungato. La relazione tra i diversi soggetti nel medesimo spazio architettonico e tra oggetti e fondo non dipende più dalla percezione della realtà oggettiva, ma dallo spazio immaginario nel quale l'artista esprime la propria percezione. Un drappo trasparente si frappone tra l'artista e il mondo fenomenico, ma lo stesso velo viene frantumato quando l'artista prende consapevolezza che la cosa in sé è irrealizzabile nella sua dimensione. Solamente la fugace esperienza di una visuale in una dimensione altra potrebbe produrre lo slancio creativo che colma la distanza che intercorre tra il visibile e la visione. Il visibile prenderà vita unicamente attraverso lo sguardo di ogni fruitore.

L'arte è opera del genio perché soltanto il genio può essere creatore e innovatore. Secondo Schopenhauer il genio ha la capacità di elevarsi a quella conoscenza libera dal principio determinista di causa-effetto. Se l'uomo di talento pensa più velocemente e più correttamente degli altri, il genio attraverso l'intuizione vede più avanti, percepisce l'ignoto e intravede l'oltre. L'intuizione ci schiude e ci manifesta l'essenza vera e propria delle cose: completa, ordina e riproduce le tessere del mosaico della vita.

Una lucida fantasia è lo strumento indispensabile dell'opera di Claudio Massini: grazie ad essa può attingere all'acqua creativa dell'imprevedibile pozzo dell'intuizione. L'artista, attraverso l'inventiva, invoca lo spirito dei grandi artisti del passato in grado di rivelare quelle verità che la nuda realtà delle cose presenta solo parzialmente. Da Taddeo Gaddi e Wiligelmo, ma anche da Piero della Francesca, Tiziano e Antonello da Messina, Massini riceve la spada per fendere il velo di Maya che cripta tutte le cose del mondo, la medicina per curare quella cecità che impedisce, quasi sempre, di vedere oltre il dato di superficie di tutte le cose. Massini può essere considerato un genio quando il suo essere vero artista lo conduce a essere infedele a tutte le convenzioni imposte dall'arte, spingendolo a indagare il mistero dell'esistenza.

Quello della purezza di spirito e di coerenza con i propri principi è un concetto che ha caratterizzato la stesura dell'opera *L'Isola purpurea* di Bulgakov: una sorta di macchina teatrale composta per motivi polemici contro coloro che, per questioni utilitaristiche, scrivevano opere indegne facendole passare, per mezzo di una terminologia pseudo-rivoluzionaria, come opere socialiste. Massini ha sempre eluso dalla sua vicenda artistica i codici di comunicazione di massa congeniali ai vari momenti storici e pur avendo il coraggio di contraddirsi è sempre rimasto collegato, attraverso un occhio incontaminato, a una visione meta-storica dell'arte.

Quello di Massini è un occhio sempre coadiuvato da una mano sensibile ed esperta fino al limite del virtuosismo. È su questa soglia che l'esperienza e il gusto attivano il loro convergente controllo che costringe ogni forma, ogni fondo e ogni composizione a passare per il filtro rinnovatore della scoperta, della sorpresa, dell'invenzione di un lavoro continuo e costante.

Comune decisione
2004, 193 x 248 cm

È per questo che l'artista può rappresentare molte volte lo stesso soggetto, la stessa composizione e la medesima struttura senza che l'esito iconografico perda in autenticità, senza confondere la rassomiglianza con l'imitazione, la replica con la ripetizione, lo studio e l'approfondimento con la copia.

Claudio Massini potrebbe essere considerato alla stregua di Stephen Dedalus dell'*Ulisse* di Joyce: un idealista alla ricerca dei valori spirituali che si ribella alla quotidianità e alle convenzioni dell'esistenza nel tentativo di trovare, nel rispetto della tradizione, una propria coerenza intellettuale. L'opera di Massini è basata sulla conoscenza dell'arte e della vita vera, quella che lui comprende e ama incondizionatamente. Lavori epici e universali, opere al di fuori di qualsiasi riferimento geografico e spazio-temporale: la sua naturale attenzione verso il particolare gli permette di mettere a fuoco ciò che alle persone normali – ordinarie e superficiali – solitamente sfugge con sistematicità. Magie di un lucido, consapevole alchimista-sciamano dei nostri tempi.

»Meine Malerei setzt sich zusammen aus achtzehn Klängen und fünfzig Pigmentschichten,
aus tausend Klagen und Hunderten von fragmentarischen Zitaten;
sie umfasst die ganze Menschheit ebenso wie auch die Tränen des Navajo-Stammes,
scherzt mit dem Orient und fällt dem Westen nicht zu Füßen;
ist anmaßend und kleinkariert, in sich stimmig und unzusammenhängend,
ist Teil und Ganzes, ist all das und noch viel mehr.«

"My painting is made of eighteen resonant gestures. It is made of fifty pigmented layers,
it is made of one thousand laments and of hundreds of fragmented quotations.
It encompasses the confines of all of humanity and the tears of the Navajo people;
it jests with the East and does not bow down to the West:
it is presumptuous and ceremonial, it is unified and disjointed,
it is a detail and a whole: it is all this and more."

»La mia pittura è fatta di diciotto segni sonori, è fatta di cinquanta stratificazioni pigmentose,
è fatta di mille lamenti e di centinaia di citazioni frammentate.
Contiene i confini dell'intera umanità e le lacrime del popolo navajo;
motteggia con l'Oriente e non si genuflette all'Occidente;
è presuntuosa e protocollare, è unita e disarticolata, è un dettaglio e un insieme:
è tutto questo e altro ancora.«

Claudio Massini

Werke | Works | Opere

Luce e rosso tramonto

2007, 17 x 13 cm

Il calice della festa

2007, 17 x 13 cm

Accucciati la sera

2007, 17 x 13 cm

Due paeselli due ombrelli

2007, 17 x 13 cm

Foglie fiori e bacche rosse

2007, 13 x 17 cm

Profumo del te

2007, 13 x 17 cm

Sette mirtilli

2007, 13 x 17 cm

Fiammelle accese

2007, 17 x 29 cm

Fiori densi rossi

2007, 17,5 x 17 cm

Brindisi tra le case alte

2007, 17 x 13 cm

Rubino e cocciniglia

2007, 17 x 26 cm

La regola dei rami

2007, 17 x 19,5 cm

Collonna festosa

2007, 17 x 17,5 cm

La legge del corallo

2007, 17 x 17 cm

La protezione dei nostri sogni

2007, 18 x 27 cm

La ricchezza della nostra comunità
2007, 18 x 27 cm

Gli sbuffi odorosi della teiera
2007, 17 x 17 cm

Parete policroma

2007, 17 x 19,2 cm

Ragione storica
2007, 17 x 32,5 cm

Brindisi razionale

2007, 27 x 18 cm

La legge del vaso e della pianta

2007, 27 x 18 cm

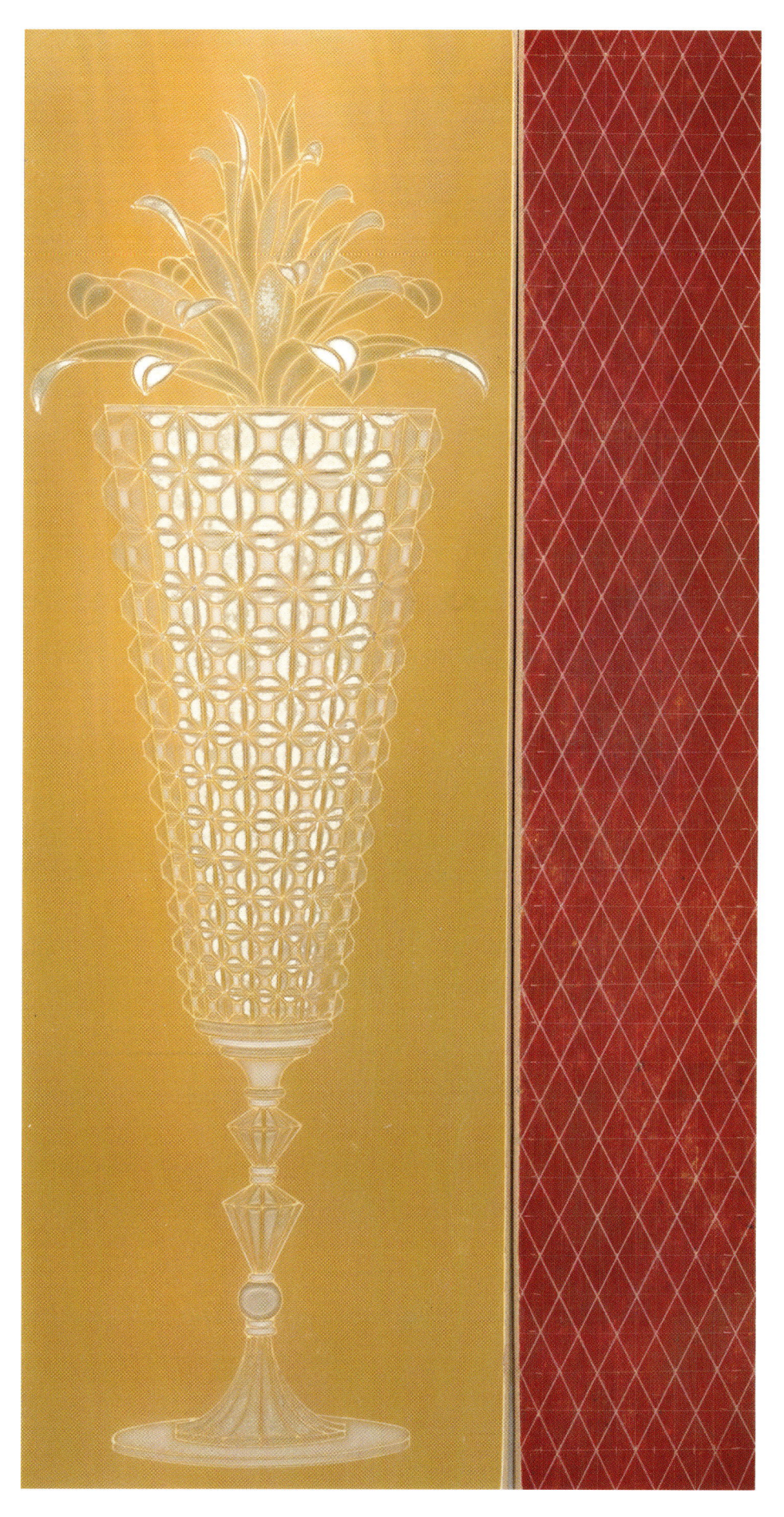

Le geometrie delle foglie di locanda

2007, 27 x 13,5 cm

Mattino sui monti Cirrini

2007, 17 x 13 cm

Grattacielo d'oro

2007, 17 x 13 cm

Alchimie

2007, 17 x 32,5 cm

La grazia del lago scuro

2007, 18 x 26 cm

La vita felice

2007, 13 x 17 cm

Viaggio sereno

2007, 17,5 x 17 cm

Baci di Provenza

2007, 17 x 13 cm

Oriente acqueo

2007, 17 x 13 cm

Città verticale

2007, 17 x 17 cm

Natura tutti colori

2007, 17 x 17,5 cm

Passaggio ad oriente
2007, 17 x 17,5 cm

Bacche rosso fuoco

2007, 17 x 19,7 cm

I colori del mio paessaggio

2007, 19,5 x 17 cm

L'importanza dell'alba
2007, 26,8 x 26,8 cm

Le regole dei petali

2007, 18 x 27 cm

Ragione cinese

2007, 18 x 27 cm

Amore caldo

2007, 26 x 17 cm

Tre eleganze
2007, 27 x 22,5 cm

Lucette odorose

2007, 26 x 17 cm

I doni del nostro paese

2007, 26 x 17 cm

Case intorno al fiore rosso

2007, 17 x 13 cm

Desiderio
2007, 26 x 17 cm

Il mattino dei miei giorni

2007, 27 x 18 cm

Corallo razionale

2007, 27 x 18 cm

Il nostro itinerario

2007, 19,6 x 17 cm

La luce dei nostri paesi

2007, 17 x 13 cm

Le ore del giorno
2007, 17 x 19,5 cm

Aspettando il tramonto ,

2007, 19,5 x 17 cm

Il suono delle ali

2007, 20 x 16 cm

Verdi fondali

2007, 27 x 18 cm

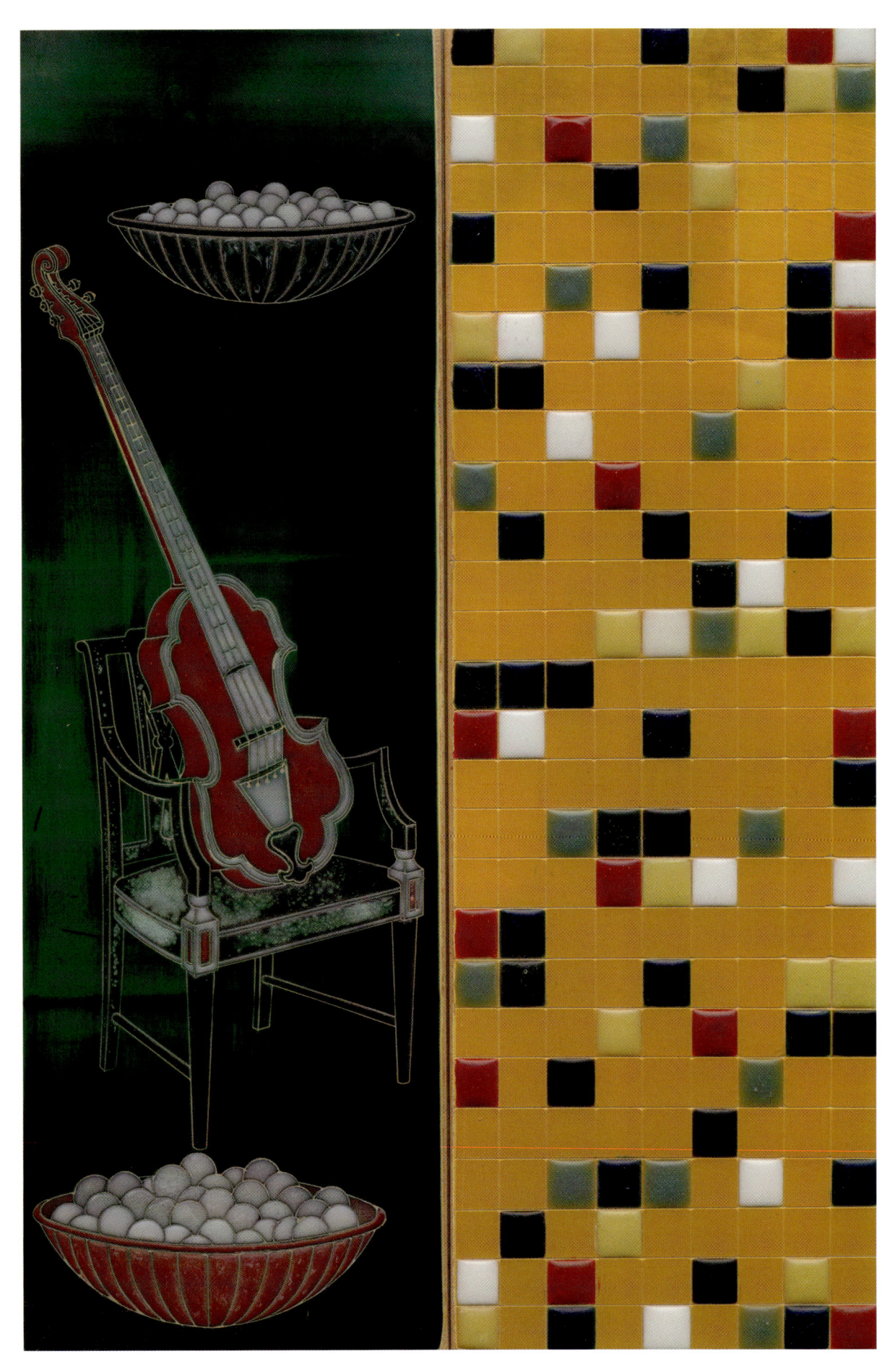

La profonda ragione della tua musica

2007, 27 x 18 cm

Musica allegra

2007, 27 x 18 cm

Stole e criptico con anfora vanitosa

2005, 248 x 253 cm

Mille piaceri
2004, 193 x 248 cm

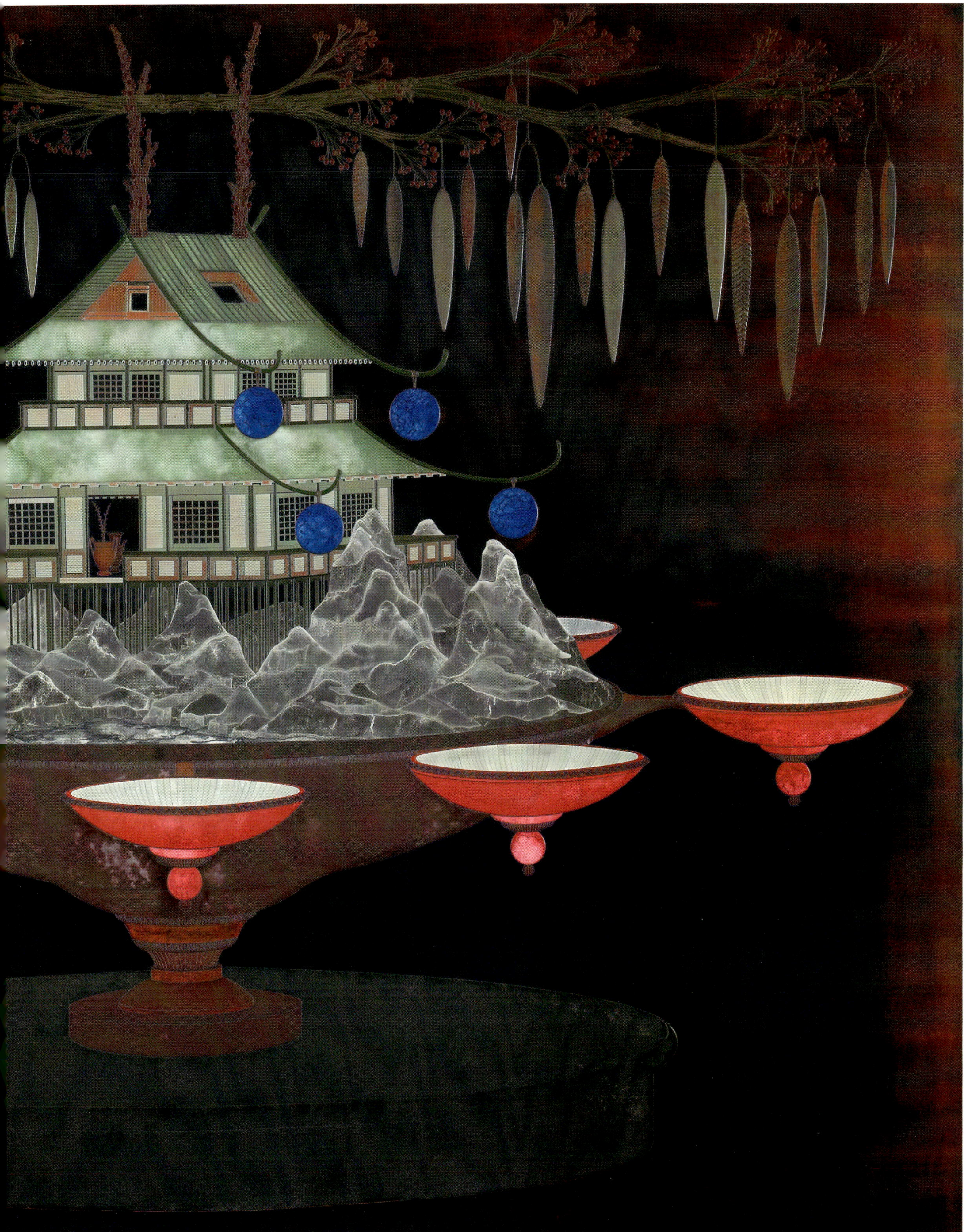

La nostra casa
2006, 193 x 248 cm

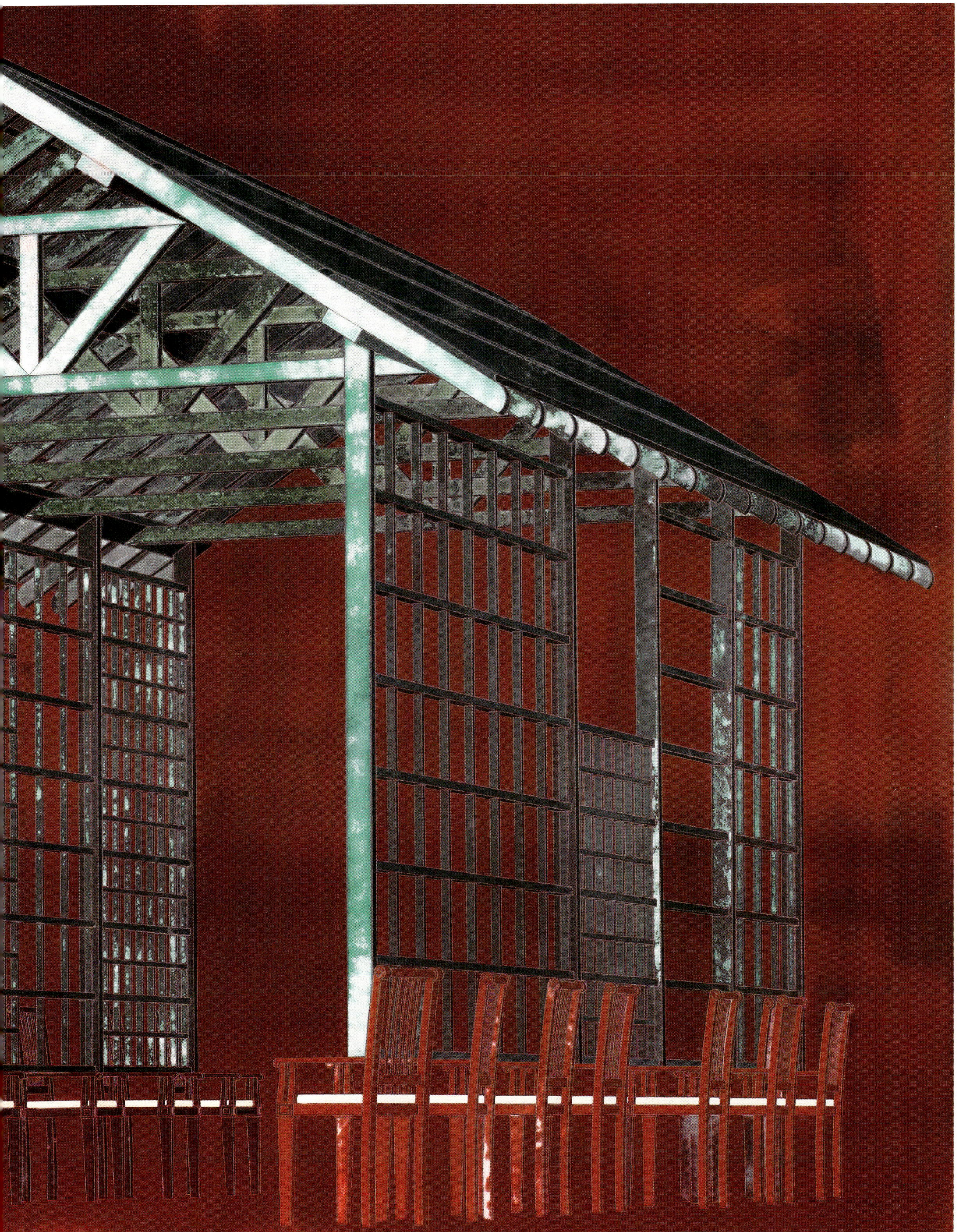

Capo di buona speranza
2006, 193 x 248 cm

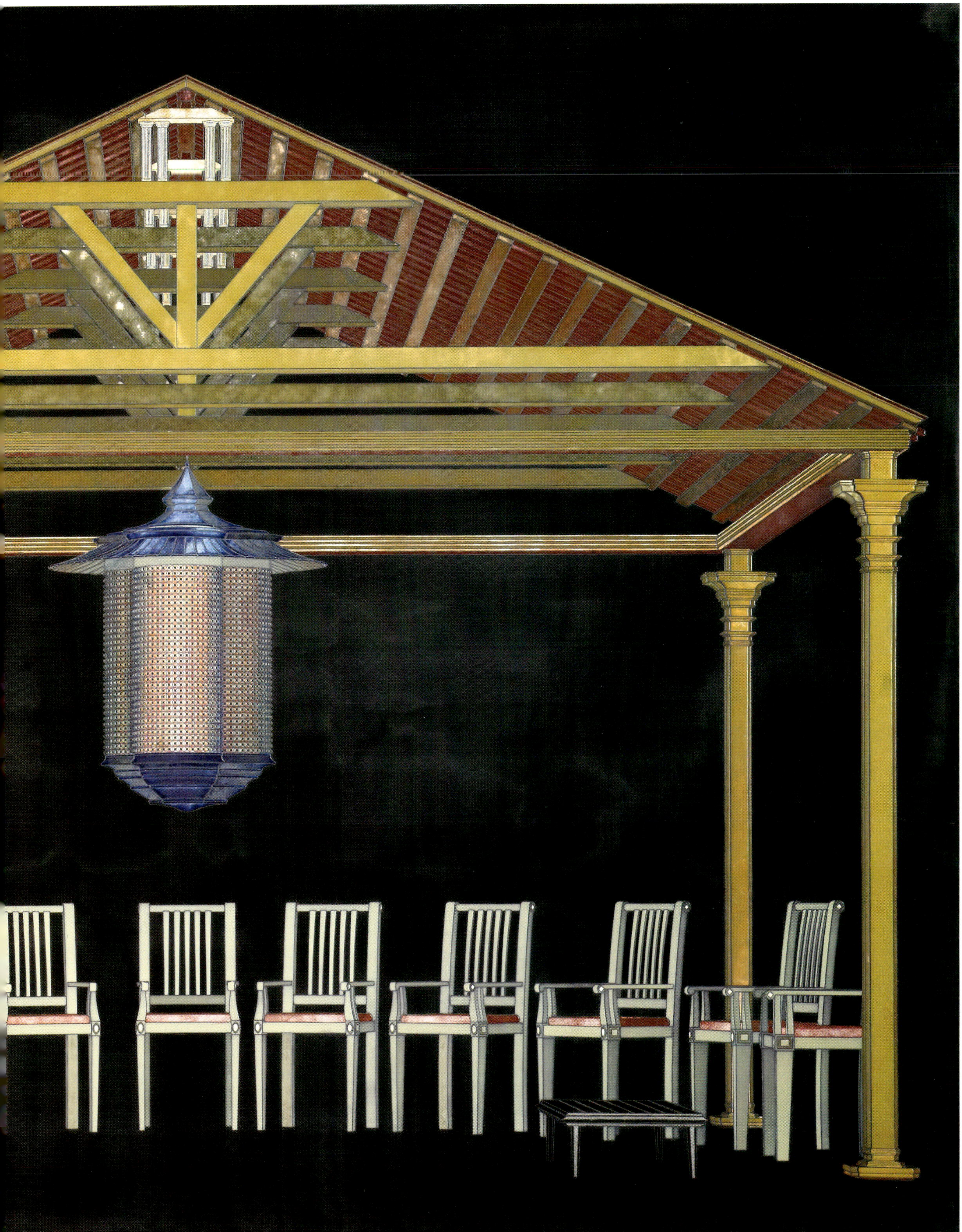

Cargo dei quattordici remi
2005, 193 x 248 cm

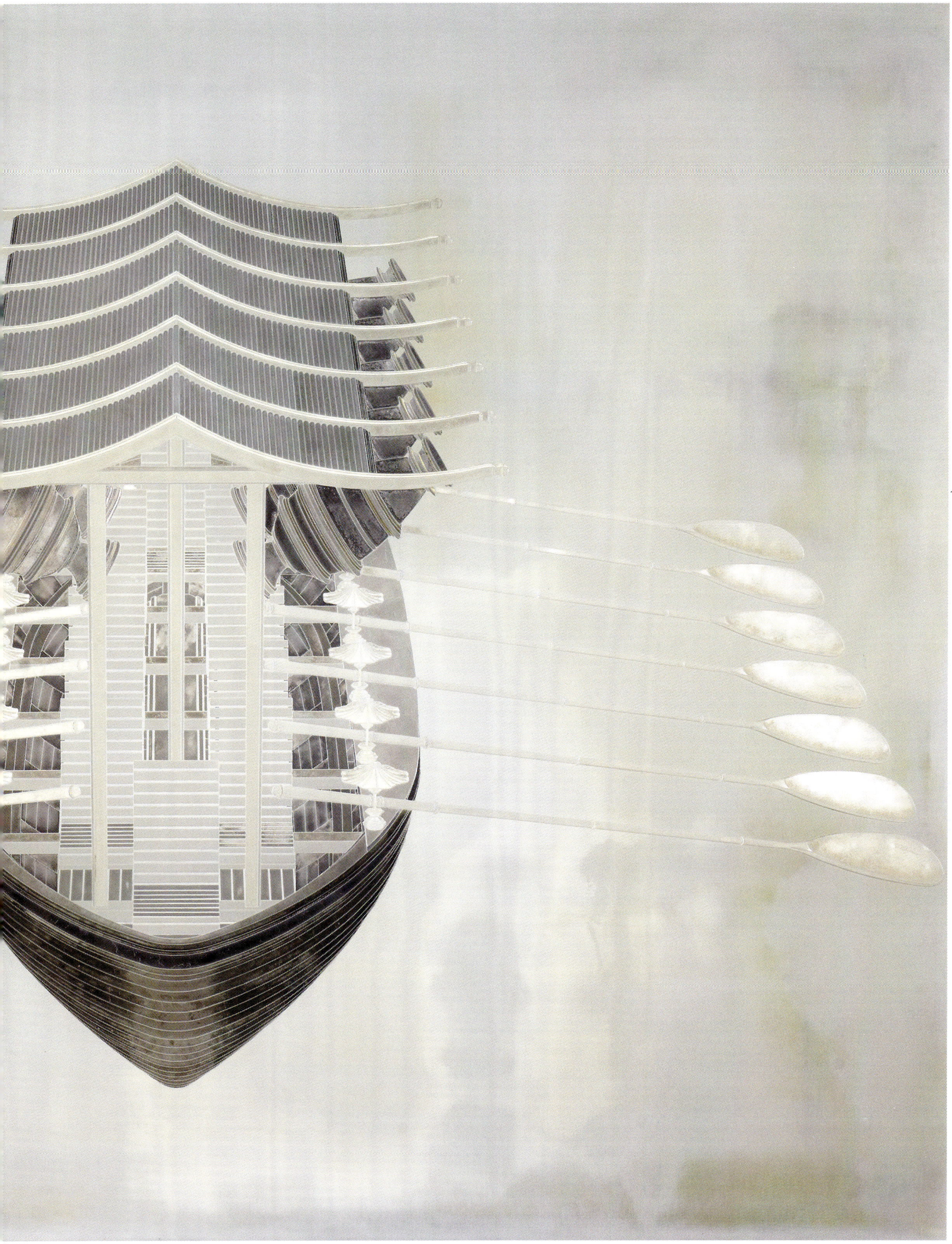

Il magnifico luogo di piacere
2004, 193 x 248 cm

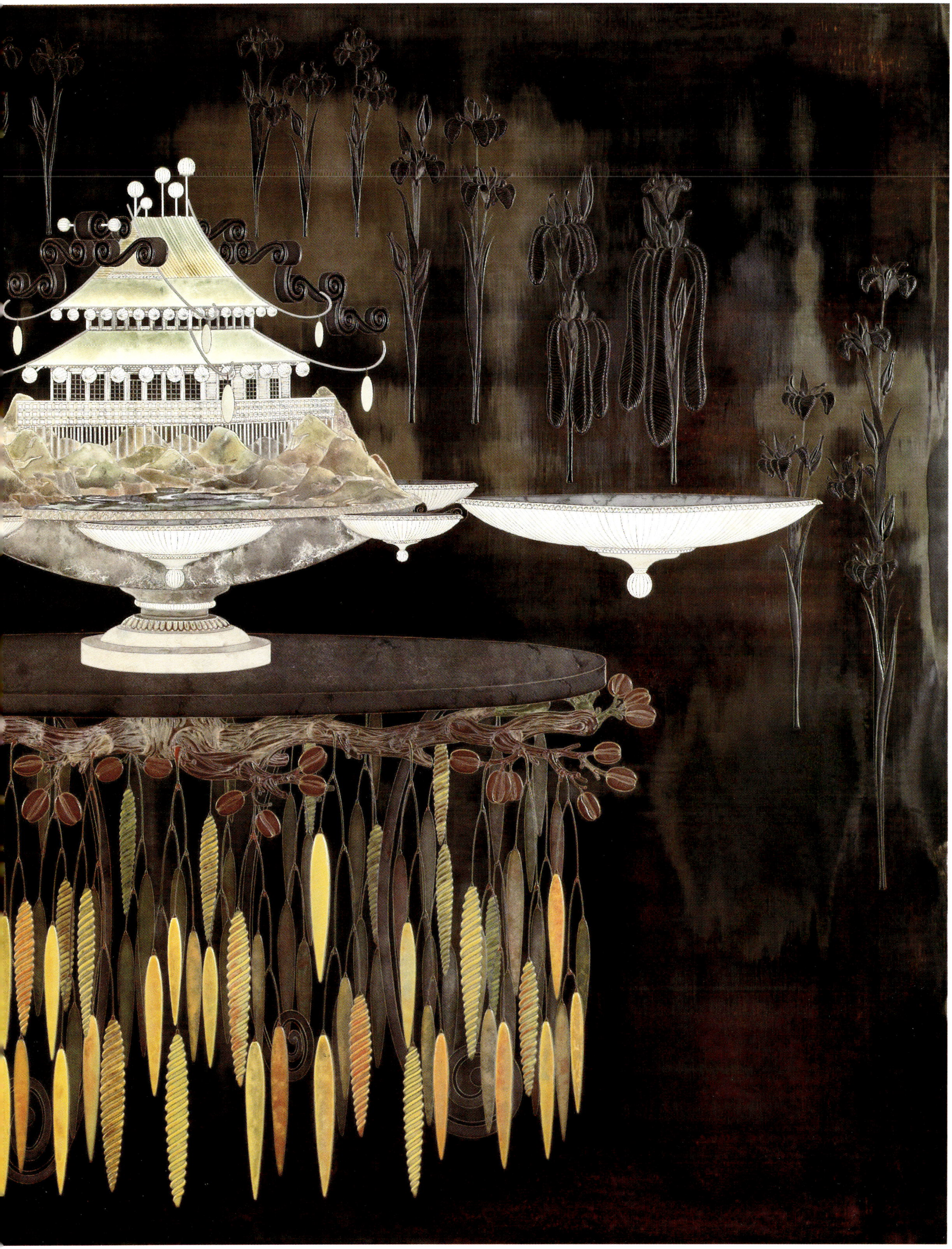

Prossemica

2005, 193 x 248 cm

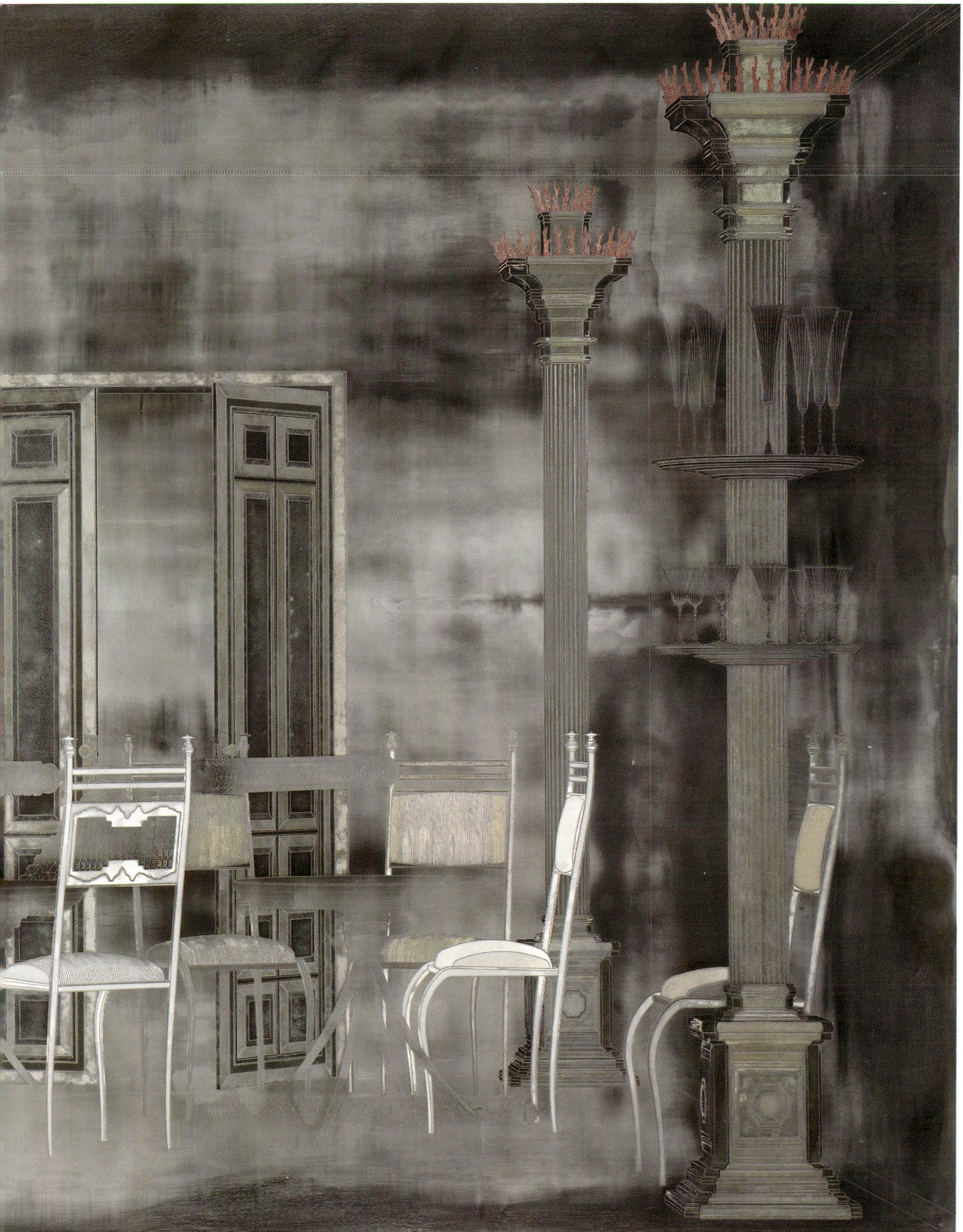

Trentun desideri d'amore

2005, 180 x 135 cm

Nove desideri d'estate

2005–2006, 180 x 135 cm

Brindisi all'alba

2005–2006, 180 x 50 cm

Segno d'amore
in blu gentile
2006, 140 x 60 cm

Segno d'amore
in dorato
2006, 140 x 60 cm

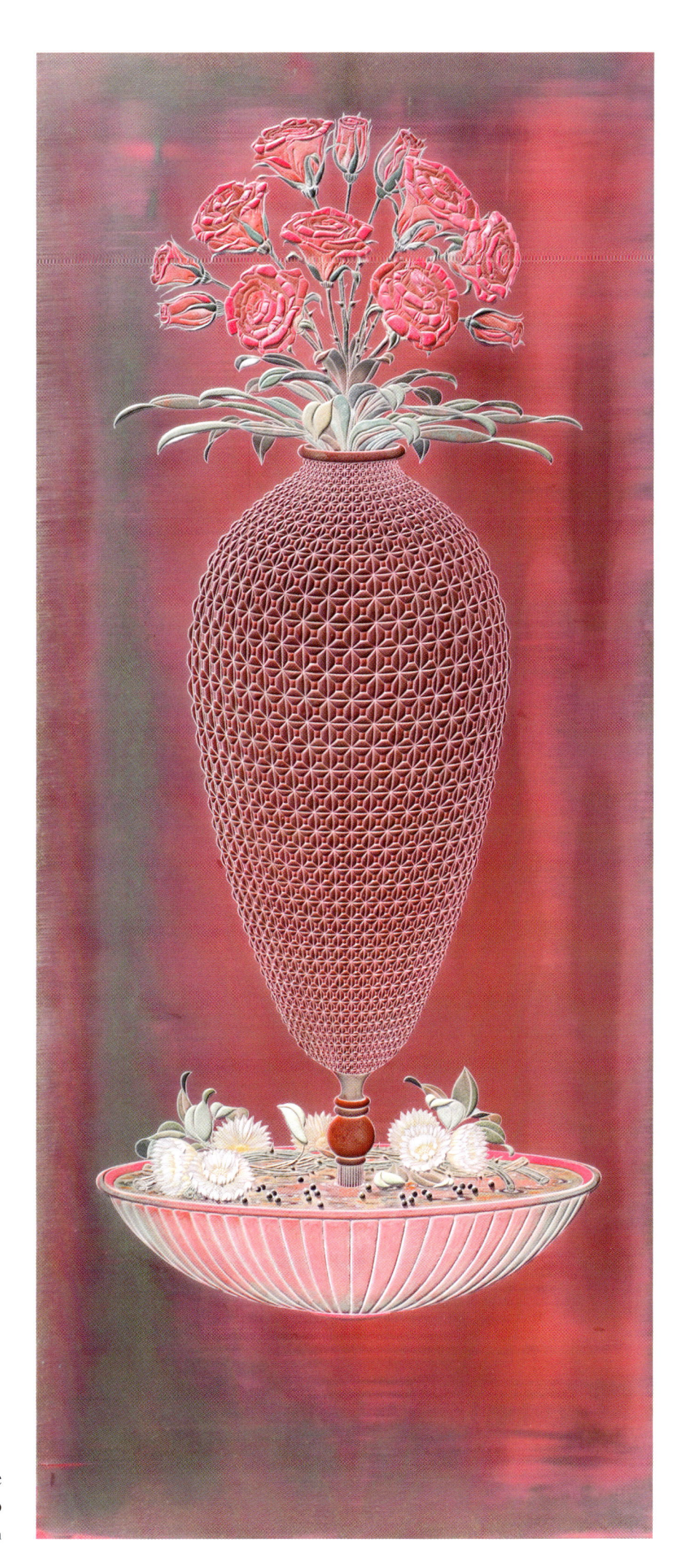

Segno d'amore
in rosso
2006, 140 x 60 cm

Luogo appassionato

2005, 135 x 180 cm

Dall'alto e fuori

2006, 193 x 248 cm

Belvedere

2006, 193 x 248 cm

Segni sulla neve
2006–2007, 193 x 248 cm

Silenzio sui monti Cirrini

2006, 60 x 140 cm

Mattino sui monti Cirrini

2006, 50 x 150 cm

Paese grattacielo, 2006–2007, 150 x 50 cm

Passeggiata verso i monti Cirrini

2006, 75 x 75 cm

Il magnificxo
brindisi dorato
2006, 260 x 65 cm

Nera magnifica
parentesi sinistra
2005–2006, 260 x 65 cm

Magnifica parentesi
nera destra
2005–2006, 260 x 65 cm

Magnifica parentesi
nera sinistra
2005–2006, 260 x 65 cm

Passione
armoniosa
2006, 260 x 32 cm

Passione
Magnifica

2006, 260 x 32 cm

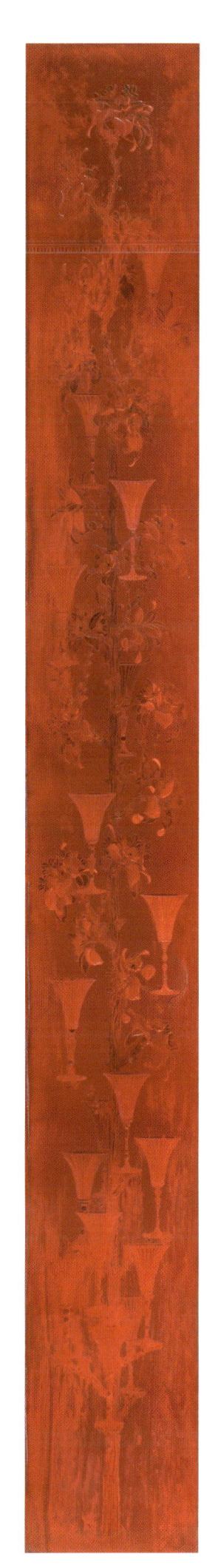

I fiori della
passione profonda

2006, 260 x 32 cm

La grande festa tra le due regioni

2006, 50 x 150 cm

La festa dei mille anni

2006, 50 x 150 cm

Blu con coppe blu
2006, 75 x 75 cm

Fuoco di palme

2005, 75 x 75 cm

Piccola spilla

2005, 75 x 75 cm

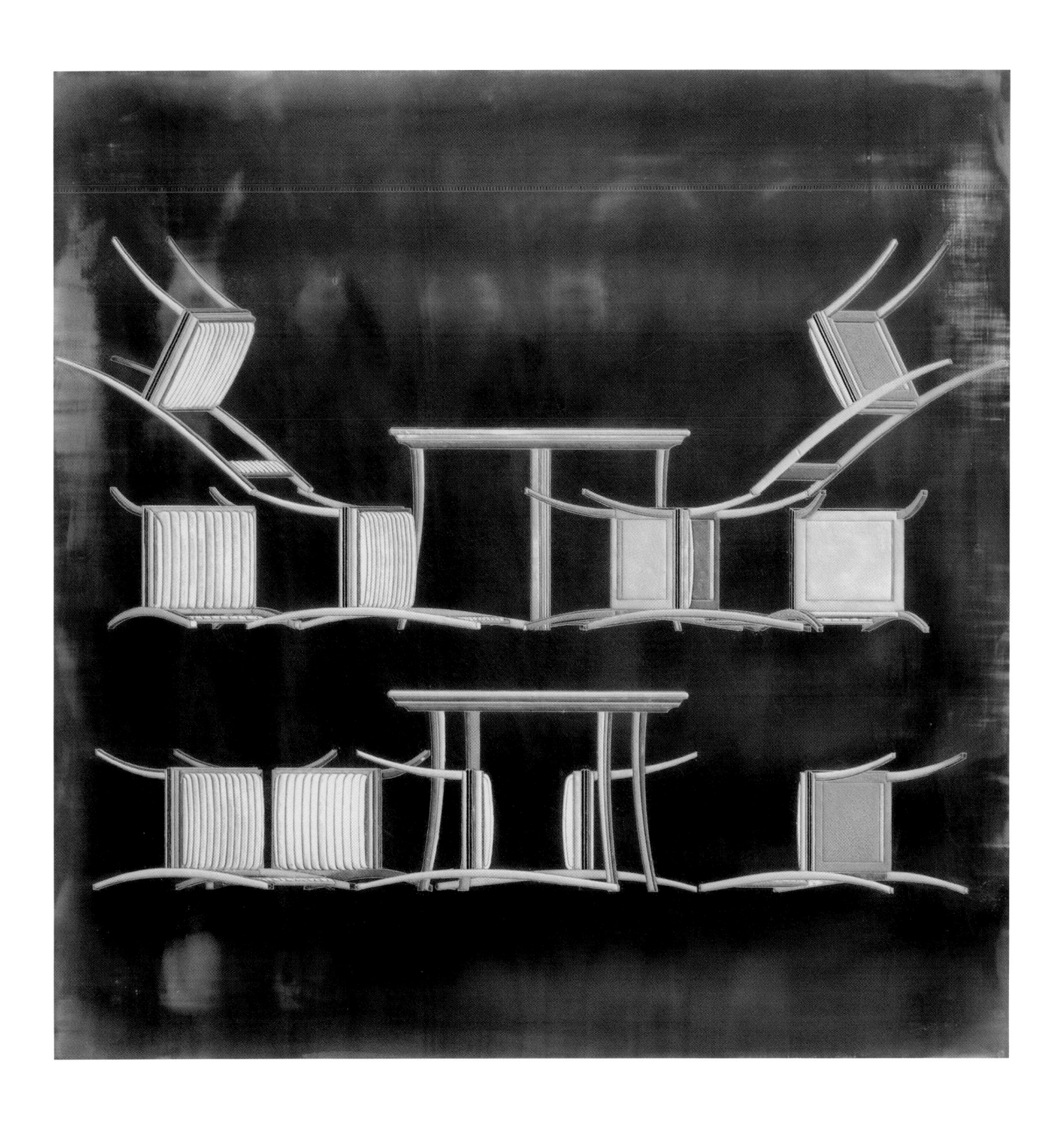

Portale

2006–2007, 75 x 75 cm

Scrivania con anfora blu

2005, 50 x 50 cm

Sedici ninfee di madreperla

2005, 50 x 50 cm

Cibo tra i ricami

2005, 50 x 50 cm

Canto continuo

2005, 50 x 50 cm

Vista mobile

2007, 50 x 50 cm

Preziosi rami di cacao un po' vanitosi

2005, 50 x 50 cm

Braccialetto orizzontale

2005, 25 x 80 cm

Fodera di cappottino per fanciulla innamorata

2005, 25 x 80 cm

Rami di corallo in ceramica bianca

2005, 40 x 80 cm

Zuppa per gli Dei

2004–2005, 40 x 80 cm

Coppa dalle perle blu

2006–2007, 25 x 50 cm

Coppa dalle perle nere

2006–2007, 25 x 50 cm

Per il nostro amore

2005, 50 x 25 cm

Quattro rami di bacche bianche

2007, 50 x 25 cm

Perle e fiori tra i nostri amori
2006, 50 x 25 cm

Lebensbeschreibung

Claudio Massini kommt am 13. April 1955 in Neapel zur Welt. Sein Geburtshaus befindet sich an der Piazza Cavour, in unmittelbarer Nähe des Museo Nazionale, das die bedeutende Sammlung der Kunstschätze aus Pompeji beherbergt.

Seine Mutter Clara ist gebürtige Neapolitanerin. Sein Vater Renato, ein Lehrer, stammt aus Triest. Der Großvater väterlicherseits war Leuchtturmwärter an der Küste von Triest und entschied, welche Schiffe in Quarantäne gehalten wurden und welche den Hafen verlassen durften. Der Großvater mütterlicherseits war Taucher und am Hafen von Neapel verantwortlich für die Schiffe der Immigranten. Beide Großväter also entschieden über das Ablegen oder Anlegen der Schiffe, der eine in Triest, der andere in Neapel.

Obwohl in Neapel geboren, lebt Massini seit frühester Kindheit, mit den Eltern und dem älteren Bruder Riccardo und der jüngeren Schwester Mara, in Triest, der Geburtsstadt des Vaters. Triest war erst 1954 der italienischen Republik zugesprochen worden. Der Vater, ein Grundschullehrer, half im Hafen von Triest dabei, die Fracht der amerikanischen Schiffe zu löschen. Massini erinnert sich daran, wie diese überbordenden amerikanischen Schiffe anlegten und riesige Kisten voll mit Schokolade

Life History

Claudio Massini was born on April 13, 1955 in Naples. His home was located on the Piazza Cavour in the immediate area of the Museo Nazionale which houses the important collection of treasures from Pompeii. His mother Clara is native of Naples. His father Renato, a teacher, comes from Trieste. His paternal grandfather was a lighthouse operator on the coast of Trieste and decided which ships were to be held in quarantine and which could leave the port. His maternal grandfather was a diver and, in the port of Naples, he was responsible for immigrant ships. Both grandfathers made decisions about the arrival or departure of ships, one in Trieste, the other in Naples.

Although born in Naples, Massini lived since his early childhood in Trieste, his father's birth city, together with his parents and older brother Riccardo and younger sister Mara. Trieste was only declared a part of the Italian Republic in 1954. His father, a grammar school teacher, helped with unloading the American ships. Massini remembers how the overloaded American ships docked and delivered huge crates full of chocolate, but also evening gowns, carnival costumes and ski suits were on board. Out of pure inquisitiveness, the young Claudio Massini wandered among this freight and collected snippets and impressions of all

Claudio Massini, 1956

Storia di una Vita

Claudio Massini nasce a Napoli il 13 aprile 1955. La sua casa natale si trova in Piazza Cavour, a pochissima distanza dal Museo Nazionale, che ospita l'importante collezione dei tesori artistici di Pompei.

Sua madre Clara è nativa di Napoli. Suo padre Renato, maestro elementare, è originario di Trieste. Il nonno paterno era guardiano di un faro sulla costa tridentina e decideva quali navi dovevano restare in quarantena e quali potevano invece lasciare il porto. Il nonno materno era palombaro ed era il responsabile del porto di Napoli per le navi che trasportavano gli immigrati. Entrambi i nonni, dunque, decidevano sul permesso delle navi di attraccare e salpare: uno nel porto di Trieste, l'altro in quello di Napoli.

Benché nato a Napoli, Massini, insieme ai genitori, al fratello maggiore Riccardo e alla sorella minore Mara, vive fin dalla prima infanzia a Trieste, la città natale del padre. Trieste è stata riconosciuta alla Repubblica Italiana solo nel 1954. Il padre, maestro elementare, aiutava a scaricare le navi americane nel porto di Trieste. Massini si ricorda come queste enormi navi americane attraccavano al porto e consegnavano grandi casse piene di cioccolata. Ma queste navi trasportavano anche abiti da sera, costumi di carnevale o indumenti da sci. Il piccolo Claudio Massini girava tra questi carichi

Napoli, Accademia delle Belle Arti, 1975

154

anlieferten. Aber auch Abendkleider, Karnevalskostüme oder Skianzüge hatten diese Schiffe geladen. Unter dieser Fracht aus lauter Merkwürdigkeiten wandelte der kleine Junge Claudio Massini umher und sammelte Eindrücke aller dieser Meraviglien und Kuriositäten. Die Sommermonate verbringt die Familie auch nach dem Umzug nach Triest häufig in Neapel. Claudio weilt unzählige Stunden im Museo Nazionale und taucht in die versunkene Welt Pompejis ein.

Der Vater Renato Massini liebte das Reisen. Bereits in den frühen 60er Jahren unternimmt die Familie zahlreiche Reisen durch Europa, als Vierjähriger sieht Massini Ankara und Istanbul. In den folgenden Jahren bereist die Familie Deutschland, Schweden, England, Portugal und sogar Afrika. Schließlich sieht Massini 1969 die große Oskar-Kokoschka-Ausstellung in München. Bereits als Vierzehnjähriger ist Massini mit den bedeutendsten Museen und Sehenswürdigkeiten Europas vertraut. Ein Diözesan-Museum war für ihn von gleicher Bedeutung wie etwa eine Antikensammlung.

1970 hat Claudio Massini, so erzählt er es, seine erste Ausstellung. Diese findet im Palazzo Vivante, dem Wohnhaus der Familie Massini in Triest, statt. In diesem Palazzo, in dem die Treppe so groß war, wie der ganze Palazzo und dessen Decken geschmückt waren mit schwarzen Engeln, stellt Massini, kaum 15 Jahre alt, seine ersten Kunstwerke aus.

Drei Jahre später, 1973, siedelt der junge Maler um nach Neapel, um dort die Accademia delle Belle Arti zu besuchen. Hier macht Massini eine überaus schmerzliche Erfahrung. Er sieht in der Accademia, einem verschmutzen Gebäude, an dessen Wänden Graffiti und Parolen prangen, einen Ort ohne Bedeutung, an dem sich nichts tat. Doch er entzieht sich nicht

these curiosities. After they moved to Trieste, the family used to spend the summer months in Naples. Claudio spent countless hours in the Museo Nazionale and delved into the sunken world of Pompeii.

His father Renato Massini loved travelling. By the early 1960s the family had already taken numerous journeys through Europe. When he was only four Massini saw Ankara and Istanbul. In the following years, the family travelled through Germany, Sweden, England, Portugal and even Africa. In 1969, Massini saw the Oskar Kokoschka exhibition in Munich. Massini was familiar with the most important museums and landmarks of Europe by the age of only fourteen. For him a diocesan museum had the same meaning as a collection of antiquities.

Claudio Massini says he had his first exhibition in 1970. This took place in the Palazzo Vivante, the Massini family home in Trieste. In this palazzo which had such a huge stairway and where the ceilings were painted with black angels, Massini, barely fifteen-years-old, exhibited his first artworks.

Three years later, in 1973, the young painter moved to Naples to study at the Accademia delle Belle Arti. Massini had a painful experience here. He saw the Accademia as a dirty building with graffiti and slogans hanging resplendent on the walls, a place without any importance where nothing happened. But he didn't leave. For one year Massini and his young artists friends were dedicated to restoring the academy building. To transform the academy back into a beautiful place was at that time the only thing that held significance for him because it was a place in which young artists should grow.

Some of Massini's closest friends at that time were the artists Giuseppe Zevola, Carlo Fontana, Ciro Greco and Roberto Vidali. In 1974, the same year that Massini

pieni di cose strane e raccoglieva le impressioni di tutte queste meraviglie e curiosità. Anche dopo il trasferimento a Trieste, la famiglia continua spesso a trascorrere i mesi estivi a Napoli. Claudio passa innumerevoli ore al Museo Nazionale e si immerge nel mondo sommerso di Pompei.

Il padre, Renato Massini, amava viaggiare: già nei primi anni sessanta la famiglia intraprende numerosi viaggi attraverso l'Europa. Già all'età di quattro anni Massini visita Ankara ed Istanbul. Negli anni seguenti la famiglia si reca in Germania, Svezia, Inghilterra, Portogallo ed addirittura in Africa. Nel 1969 Massini vede finalmente la grande mostra di Oskar Kokoschka a Monaco. Appena quattordicenne, Massini conosce già i più importanti musei e monumenti d'Europa. Un museo diocesano aveva per lui pressoché la stessa importanza di una collezione di arte antica.

Nel 1970 Claudio Massini, così racconta, ha la sua prima mostra personale a Palazzo Vivante, dove la famiglia Massini abitava a Trieste. In questo palazzo, in cui la scala era grande quanto l'edificio stesso e i soffitti erano decorati con angeli neri, Massini, appena quindicenne, espone le sue prime opere d'arte.

Tre anni dopo, nel 1973, il giovane pittore si trasferisce a Napoli per frequentare l'Accademia delle Belle Arti. Qui Massini vive un'esperienza alquanto dolorosa. Egli vede un'Accademia con pareti sporcate da scritte e graffiti, uno spazio senza significato, nel quale non accade niente. Ciononostante, egli non si sottrae a questo luogo e per un anno, insieme ad altri giovani artisti, si dedica al restauro dell'edificio. Riportare l'Accademia alla sua bellezza, era l'unica cosa che al momento aveva per lui un senso, perché questo era il luogo in cui i giovani artisti dovevano crescere.

Tra gli amici più stretti di Massini si contavano in questo periodo artisti quali

Napoli, 1976

Napoli, 1976

Fiori nelle mani, 1976

diesem Ort. Ein Jahr lang widmet Massini sich gemeinsam mit befreundeten jungen Künstlern der Restaurierung des Akademie-Gebäudes. Die Akademie wieder in einen schönen Ort zu verwandeln, war ihm für den Moment das Einzige, was Bedeutung hatte. Denn sie war der Ort, an dem die jungen Künstler wachsen sollten.

Zu den engsten Freunden Massinis zählten in dieser Zeit unter anderem die Künstler Giuseppe Zevola, Carlo Fontana, Ciro Greco und Roberto Vidali. 1974, im selben Jahr, in dem Massini gemeinsam mit den Freunden die Akademie restauriert, lernt er seine spätere Frau kennen.

Das Schicksal will es so, daß Claudio und Annamaria sich an eben demselben Ort kennenlernen, an dem einst der Vater Renato die Mutter Clara kennenlernte. Annamaria Iodice stammt aus dem Quartiere Stella, dem Stern-Viertel in Neapel. In der Akademie veranstaltete die junge Künstlerin Annamaria 1974 eine Performance. Ganz in Gold gekleidet, war sie so wunderschön, daß der junge Claudio Massini sich unmittelbar und über alle Maßen in die bezaubernde Künstlerin verliebte.

In diesen Jahren in Neapel hat Claudio Massini eine Erkenntnis gewonnen, die sein gesamtes weiteres Leben und künstlerisches Schaffen prägen sollte. Die Wirklichkeit, ebenso wie die Kunstgeschichte, sind reine Ansichtssache – »un punto di vista«. Neapel, diese chaotische und schmutzige Stadt war auch immer noch eine Stadt der Kultur, die bereits auf J. W. Goethe größte Faszination ausgeübt hatte. Hier verstand Claudio Massini, daß es tausend

and his friends restored the academy, he met his wife Annamaria Iodice.

As destiny would have it Claudio and Annamaria met each other in the same place as his father Renato and his mother Clara. Annamaria Iodice came from Quartiere Stella, the star district, in Naples. At the academy in 1974 the young artist Annamaria gave a performance. Clothed all in gold, she was so beautiful that the young Claudio Massini immediately and beyond all measure fell in love with the enchanting artist.

During these years Claudio Massini came to the recognition, that would be relevant for the rest of his life and artistic creations. Reality as well as art history is purely a matter of opinion – "un punto di vista". Naples, a chaotic and dirty city, was always as well a city of culture which fascinated even J. W. Goethe. Massini understood, there were one thousand possibilities "ci sono mille materie possibili". So he went looking for different possibilities. Especially the dealers on the markets and streets of Naples fascinated him.

There they were dealers who sold silver crocodiles – happiness for sale. Claudio Massini discerned that art didn't just only belong in museums and academies, but rather in the reality of the outside world and this is from where the creative spirit derives.

At this time Massini realized that he wants to give both, room and a stabile foundation, to the interior diversity and contradictions of ideologies and culture. In a certain sense Massini expressed this as follows: "Amo la sinfonia non il concerto." For him, a symphony includes: "sentimenti molto distanti che possono stare insieme – diversita che vive in una sintonia."

Massini began to work on the street in order to enter an intense exchange with

Quadriennale di Roma, 1975

Giuseppe Zevola, Carlo Fontana, Ciro Greco e Roberto Vidali. Nel 1974, lo stesso anno in cui insieme ai suoi compagni restaura l'Accademia, Massini conosce la sua futura moglie Annamaria Iodice.

Il destino ha voluto che Claudio e Annamaria s'incontrassero nello stesso luogo in cui a suo tempo si erano conosciuti i genitori Renato e Clara. Annamaria Iodice è originaria del quartiere Stella. Nell'Accademia la giovane artista Annamaria effettua nel 1974 una performance. Vestita interamente in oro, era così meravigliosamente bella, che il giovane Claudio Massini si innamora subito e perdutamente dell'affascinante artista.

Durante questi anni a Napoli, Claudio Massini è giunto ad una convinzione che influenzerà tutta la sua vita ed il suo lavoro artistico. La realtà, così come la storia dell'arte, è semplicemente »un punto di vista«. Napoli, questa città sporca e caotica, è sempre stata anche una città di cultura, che aveva esercitato già su J. W. Goethe un fascino straordinario. Qui Claudio Massini ha capito che »ci sono mille materie possibili«. Così egli si mette anche alla ricerca delle più diverse personalità. In particolare lo hanno affascinato i venditori ambulanti nelle strade e piazze di Napoli.

Alcuni vendevano coccodrilli d'argento, ovvero fortuna. Claudio Massini capì che l'arte non si trova solo nei musei e nelle accademie, bensì anche nella realtà e nel mondo esterno e che proprio da esso nasce l'energia artistica.

In questo periodo si è probabilmente consolidata anche l'opinione di Massini, che è necessario dare alla diversità interiore e alla contraddizione delle ideologie e culture uno spazio comune ed una materia consolidata. Massini spiega quest'idea in senso figurato: »Amo la sinfonia, non il concerto«. La sinfonia contiene »sentimenti molto

Annamaria Iodice, Claudio Massini, 1978

Quadriennale di Roma, 1975

mögliche Materien gibt – »ci sono mille materie possibili«. So macht er sich auf die Suche nach den unterschiedlichen Persönlichkeiten. Besonders fasziniert war er von den fahrenden Händlern auf den Märkten und Straßen von Neapel.

Da gab es Händler, die verkauften silberne Krokodile – verkauften Glück. Claudio Massini verstand, daß Kunst nicht bloß in den Museen und Akademien stattfindet, sondern auch in der Realität der Außenwelt, und daß genau daraus die künstlerische Kraft entspringt.

In dieser Zeit mag sich auch die Auffassung Massinis gefestigt haben, der inneren Diversität und Widersprüchlichkeit von Ideologien und Kulturen in einem Kunstwerk gleichsam Raum sowie eine stabile Materie zu geben. Im übertragenen Sinne schilderte Massini dies so: »Amo la sinfonia non il concerto.« Sinfonie, das beinhaltet: »sentimenti molto distanti che possono stare insieme – diversità che vive in una sintonia«.

So beginnt Massini auf der Straße zu arbeiten, um in einen intensiven Austausch mit der Wirklichkeit zu treten. Die Dinge, die ihn dort umgaben, hatten einen anderen Geschmack – »un gusto diverso«, als die Bilder in den Museen. Über viele Jahre arbeitet er nun gemeinsam mit Blumenhändlern auf der Straße. In dieser Zeit entstehen zahlreiche Photographien. Die Blumenhändler, sie waren in einer Welt zwischen Realität und Schönheit seine Komplizen. Eine solche Union zwischen Leben und Kunst fand Massini bereits in der Kunst des italienischen Futuristen Boccioni und er bewunderte dieselbe in den Arbeiten von Josef Beuys.

reality. The things surrounding him had a different taste – "un gusto diverso" than the pictures in the museums. For many years he worked together with flower sellers on the street. Many photographs arose from this period. The flower sellers, they were his accomplices in a world between reality and beauty. This kind of union between life and art Massini also discovered in the art of the Italian Futurist Boccioni and he also admired the works of Josef Beuys.

In 1975, Claudio Massini took part in the Quadriennale di Roma. In the following year, in 1976, he exhibited in the Biennale Venice. In 1979 he married Annamaria Iodice and soon after, in 1980 his daughter Chiara was born. That year the family moved to Casier near Treviso, where Massini built a house with a studio where he still lives and works today. Since 1980, other studios have been installed nearby, where the artist works with his assistants.

In 1990 Claudio Massini exhibited for the first time at Lucio Amelio in Naples. Amelio had brought Beuys' art to Italy

Biennale di Venezia, 1976

distanti che possono stare insieme, diversità che vive in una sintonia«.

Così Massini inizia a lavorare in strada per porsi in rapporto di scambio intenso con la realtà. Le cose che qui lo circondavano avevano »un gusto diverso« dei quadri nei musei. Per un arco di molti anni, egli lavora insieme ai fiorai di strada. In questo periodo nascono numerose opere fotografiche. I fiorai diventano suoi complici in un mondo sospeso tra realtà e bellezza. Un'unione simile tra arte e vita, Massini l'aveva già trovata nelle opere del futurista Boccioni e l'ammirava anche nei lavori di Josef Beuys.

Nel 1975 Claudio Massini partecipa alla Quadriennale di Roma. Nell'anno successivo, 1976, espone alla Biennale di Venezia. Nel 1979 sposa Annamaria Iodice e solo un anno più tardi, nel 1980, nasce la figlia Chiara. Nello stesso anno, la famiglia si trasferisce a Casier presso Treviso, dove Massini costruisce una casa con un proprio atelier, nella quale a tutt'oggi vive e lavora. Dal 1980 nel circondario si sono aggiunti altri atelier, nei quali l'artista lavora con i suoi assistenti.

Nel 1990 Claudio Massini espone per la prima volta nella galleria Lucio Amelio

1975 nimmt Claudio Massini an der Quadriennale di Roma teil. Im Jahr darauf, 1976, stellt er auf der Biennale in Venedig aus. 1979 heiratet er Annamaria Iodice und nur ein Jahr später, 1980, kommt die Tochter Chiara zur Welt. Im selben Jahr siedelt die Familie nach Casier bei Treviso um, wo Massini ein Haus mit Atelier baut, in dem er bis heute wohnt und arbeitet. Seit 1980 sind noch einige andere Ateliers in der Umgebung hinzugekommen, in denen der Künstler mit seinen Assistenten arbeitet.

1990 stellt Claudio Massini erstmals bei Lucio Amelio in Neapel aus. Amelio hatte Beuys nach Italien gebracht und damit die Verbindung der Stadt Neapel zu Deutschland wieder aufleben lassen. Amelio, der auch Andy Warhol, Mario Merz, Cy Twombly und Jannis Kounellis ausstellte, machte aus Neapel einen Ort der künstlerischen Avantgarde. Nach Amelios Tod 1992 stellt Claudio Massini zunächst einmal die Arbeit mit Galerien ein. In Kongruenz dazu wächst die Anzahl seiner musealen Ausstellungen weltweit.

Seit dem Jahre 2000 unterstützt eine Gruppe bedeutender Mäzene die Arbeit von Claudio Massini. Mit ihrer Hilfe wird 2005 die *Associazione Metastorica* gegründet und in Mailand eine Ausstellungsfläche von 4.000 qm eröffnet.

Zuletzt tätigte das Museo d'Arte Moderna e Contemporanea di Trento e Rovereto (MART) einen Ankauf zahlreicher Werke, die nun zum Bestand und zur Dauerausstellung des Museums gehören.

Claudio Massini hat an vielerlei Orten und auf vielerlei Arten Raum geschaffen, in dem er dem reinen Sinn, den er in der Dekoration erkennt, freien Lauf lassen kann. Ein Schuh, ein Regentag oder eine Gallé-Vase haben für Massini den gleichen ästhetischen Anspruch. Es ist das Wunderbare, das der Welt ihren Sinn gibt.

Casier (Treviso), 1984

Milano, Spazio metastorico, 2006

and thus he intensified the contact with Germany again. Amelio, who also exhibited Andy Warhol, Mario Merz, Cy Twombly and Jannis Kounellis turned Naples into a centre of artistic avant-garde. After Amelio's death in 1992, Massini didn't at first work with any other galleries and instead stressed on international museum exhibitions.

Since 2000 a number of important patrons support Claudio Massini's work. With their assistance the *Associazione Metastorica* was founded in 2005 and an exhibition space with 4,000 sq meters was opened. At last the Museo d'Arte Moderna e Contemporanea de Trento e Rovereto (MART) purchased quite a number works which now belong in a permanent exhibition of the museum.

Claudio Massini has created art in many places and in many variations in which he allowed free rein to the pure essence that he recognized in the objects. A shoe, a rainy day or a Gallé vase – all have the same aesthetic demands for Massini. It is the miraculousness which gives the world its meaning.

a Napoli. Amelio aveva portato Beuys in Italia e così fatto rivivere il legame della città di Napoli con la Germania. Amelio, che ha esposto anche Andy Warhol, Mario Merz, Cy Twombly e Jannis Kounellis, ha fatto di Napoli un luogo di avanguardia artistica. Dopo la morte di Amelio nel 1992, Claudio Massini sospende temporaneamente la collaborazione con le gallerie d'arte. Parallelamente è aumentato il numero delle sue mostre in musei di tutto il mondo.

Dal 2000 un gruppo d'importanti mecenati sostiene l'opera di Claudio Massini. Con il loro aiuto, viene fondata nel 2005 l'*Associazione Metastorica* ed aperto a Milano uno spazio espositivo di 4.000 mq.

Recentemente il Museo d'Arte Moderna e Contemporanea di Trento e Rovereto (MART) ha acquistato numerose opere dell'artista, che ora fanno parte della collezione permanente.

Claudio Massini ha creato in molti luoghi ed in numerosi modi uno spazio nel quale egli può lasciare campo libero al puro significato che egli riconosce nella decorazione. Una scarpa, un giorno di pioggia o un vaso Gallé hanno per Massini la stessa valenza estetica. È la meraviglia che dà significato al mondo.

Napoli, 1978

Ausstellungen | Exhibitions | Mostre

Einzelausstellungen
One-man Exhibitions
Mostre Personali

1978 Trieste, La Cappella Underground
Trieste, *Dal tramonto all'aurora*, Centro di Via Gambini
1980 Napoli, *Lavoro della paura*, via de Gasparis
Napoli, *Balzo nella stanza blu*
Napoli, *Cervo sacro e cervo umano*, via de Gasparis
Napoli, *Porcellino addormentato nel frigorifero con bambolina cinese che lo guarda*
1988 Genova, *Bella*, La Polena
Trieste, *Il piccolo Claudio Massini si presenta a Uisiti*, Juliet's Room
1989 Napoli, *Duello*, Lucio Amelio
1990 Basel, *Art 21 '91*, stand Amelio
1991 Trieste, *Scuola romana originale*, Juliet
1994 Trieste, *Énkaustos*, Arte 3 + Juliet
1999 Casier, *Opening*, Parco
Casier, *Studi aperti*, Parco
2003 Bologna, Galleria Civica D'Arte Moderna ›Villa delle rose‹
Budapest, Galleria Nazionale d'Arte Moderna Mücsarnok
Chiasso, *Aurorale Trascendente Immanenza*, Galleria Renato Folini
2005 Torino, *Il Gioco della Dama*, Lingotto Art + Tech
2006 Conegliano, *Lo scandalo della Pittura*, Palazzo Sarcinelli
2007 Frankfurt am Main, *Claudio Massini*, DIE GALERIE
Modena, *Claudio Massini*, Galleria MOdenArte
Boca Raton, Florida, *Claudio Massini*, Galleria MOdenArte

Gruppenausstellungen
Group Exhibitions
Mostre Collettive

1974 Napoli, Tetti dell'Accademia
1975 Marigliano, Napoli, *Situazione' 75*
Napoli, *Natale Evento*
Napoli, *Lavoro del fioraio*, Fuorigrotta
Roma, *X Quadriennale*, Palazzo Esposizioni
1976 Napoli, *Il traccaro*
Napoli, Quartiere Bagnoli
Napoli, *Operazione notturna*, Mergellina
Venezia, *Ambiente come sociale*, Biennale '76
1977 Napoli, Fontana galleggiante, *Mostra d'Oltremare*
Napoli, *La grande grotta rossa*, Tondo di Capodimonte
Sant'Antimo. *Il mercatino delle mani d'oro e la notte di Maggio Mellone*
1978 Cavriago, *Festival di poesia e performance*, Galleria Pari e Dispari
1979 Gubbio, *Biennale Eugubina*
Martina Franca, Studio Carrieri
1985 Trieste, *Giuseppe a Trieste*, La Cappella Underground
1986 Concordia Sagittaria, *L'uva di Giuseppe*, Crossing
Muggia, *L'uva di Giuseppe*, Casa Veneta
1987 Castello di Rivara, *Equinozio d'autunno*
Milano, *Proposte*, Internazionale d'arte, stand Toselli
1988 Auronzo di Cadore, *Koinè a nord est*, Sala Polivalente
Firenze, *La più bella galleria d'Italia*, stand Toselli, Fortezza da Basso
1989 Basel, *Art 20 '89*, stand Amelio
Brescia, *Fabbrica*, ex Fabbrica Beretta
1990 Madrid, *Arco*, stand Amelio
Milano, *Juliet Ten Years*, Diecidue Arte
Roma, *Mondana*, Sala 1
Zerman, *Condulmer*, Villa Condulmer
1991 Basel, *Art 22 '91*, stand Amelio
Milano, Operazione S. Giustino
Trieste, *Nice to meet you*, Juliet
1992 Basel, *Art 23 '92*, stand Amelio
1993 Steyr, Galerie Pohlhammer
Trieste, *Bestio!*, Juliet
1994 Trieste, *Figurazioni di Arte*, Arte 3
Trieste, *Punti di vista*, sez. Paysages, Museo Revoltella
1995 Venezia, *Nebbia*, Magazzini del Sale
1996 Trieste, *Divinità e misteri fisici*, Juliet
Cesena, *Adicere animos*, Palazzo del Capitano
1996 Athen, *Exelixis*, Fondazione Merkouri
Trieste, *Ascoltatemi!*, Arte 3
1998 Bologna, *Arte Fiera*, stand Arte 3
Cesena, *Libera Mente*, Spazio ex Arrigoni
2000 Salzburg, *L'altra metà del cielo*, Rupertinum
Chemnitz, *L'altra metà del cielo*, Kunstsammlungen Chemnitz
2001 Bologna, *L'altra metà del cielo*, Galleria d'Arte Moderna
Roma, *Meno Male*, La Nuova Pesa
2002 Budapest, Galleria Nazionale d'Arte Moderna Mücsarnok
Trieste, *Odio*, Juliet
Monza, Serrone della Villa Reale di Monza
2003 Torino, *D'Après' da Anzinger a Warhol*, Gas Art Gallery
Darmstadt, *Premio Agenore Fabbri 2003. Aktuelle Positionen Italienischer Kunst*, Institut Mathildenhöhe Darmstadt
Trento, *Premio Agenore Fabbri 2003*, Mart Palazzo delle Albere
2004 Frankfurt am Main, *Palio am Main*, DIE GALERIE
2005 Frankfurt am Main, *Figurative Kunst aus Italien*, DIE GALERIE
2005 Rovereto, Collezione permanente, Fondazione-VAF, MART
2006 Kraichtal, *Eccentrics*, Ursula-Blickle-Stiftung
Milano, *Passaggio ad'Oriente*, Gruppo Metastorico
Seoul, *KIAF*, stand DIE GALERIE
2007 Köln, *Art Cologne*, stand DIE GALERIE

Impressum

Dieses Buch wurde für die Ausstellung ›Claudio Massini‹ realisiert:

DIE GALERIE, Frankfurt am Main
14. März – 1. Juni 2007

DIE GALERIE

Grüneburgweg 123
D – 60323 Frankfurt am Main
www.die-galerie.com, www.the-gallery.de

© by Claudio Massini and DIE GALERIE, 2007
© of texts by Peter Femfert, Elke Mohr, Maurizio Vanni, Klaus Wolbert, 2007

REDAKTION | EDITORIAL OFFICE | REDAZIONE:
Nathalia Laue, Elke Mohr, Katja Warmuth

PHOTOGRAPHIE | PHOTOGRAPHS | FOTOGRAFIE:
Gianpaolo Canova, Claudio Massini, Andrea Pancino, Roberto Vidali

ÜBERSETZUNG | TRANSLATION | TRADUZIONE:
Bryin Abraham, Johanna Abreu, Stefania Canali, Joan Reifsnyder, Barbara Thurau, AN.SE sas

TYPOGRAPHIE, GESTALTUNG UND HERSTELLUNG | TYPOGRAPHY, DESIGN AND PRODUCTION | TIPOGRAFIA, IMPAGINAZIONE E GRAFICA:
Heinz Ross, Trier (heinzross@t-online.de)

REPRODUKTIONEN | LITHOGRAPHY | LITOGRAFIA:
ReproLine Genceller GmbH, München

DRUCK UND BINDUNG | PRINTING AND BINDING | STAMPE E RILEGATURA:
Westermann Druck Zwickau GmbH

Printed in Germany

ISBN 978-3-925782-56-5
EAN 9783925782565

This volume has been published to accompany the exhibition 'Claudio Massini':

Galleria MOdenArte, Boca Raton, Florida
4 – 27 octobre 2007

MO GALLERIA denArte
ARTE MODERNA E CONTEMPORANEA

608 Banyan Trail, Unit 115
Boca Raton – FL 33431 (USA)

Questo volume è stato realizzato in occasione della mostra ›Claudio Massini‹:

Galleria MOdenArte, Modena
8 giugno – 14 luglio 2007

MO GALLERIA denArte
ARTE MODERNA E CONTEMPORANEA

Via Toscanini 26, 41100 Modena, Italia
www.modenarte.com